El Camino del Improvisador

Explorando el camino del bajista hacia la maestria

Escrito por Damian Erskine

Diseño de portada: Bob Smith
Traducción: Gloria M R Trujillo
con asistencia de Marcelo Cordova
Edición: E.E. Bradman
Foto de contraportada: Battista Photography
Publicado: notneK Music 2014

Acerca de esta traducción
En cuanto a la notación musical

Estimado lector:

Espero que disfrute el contenido de este libro, ya que dentro de él encontrará información muy valiosa que le ayudará a mejorar su práctica como músico. Antes de seguir, debe saber que esta traducción fue hecha tratando de incorporar conceptos de teoría musical o solfeo con la notación estadounidense además de la voz del autor, lo cual en sí no fue fácil.

Como nota final, diré que fue un placer hacer esta traducción, de la cual aprendí mucho, tanto de música como sobre lo complicado que puede ser traducir. Le pido entonces lector, que perdone cualquier errata que pudiere encontrar, y que siga adelante con el ánimo de aprender todo lo que pueda.

Sinceramente,
Gloria M R Trujillo, MA Spanish, MA Teaching

- Términos que ayudarán al lector con las partituras:
    - Por intervalos - in broken intervals
    - Escala mayor - Major scale
    - Escala menor - Minor scale
    - Patrones escalares - Scalar Patterns
    - Arpegios de 4 notas - 4-note arpeggios
- Conversión de escalas de español a inglés
- Modos griegos - Greek Modes
    - Jónica - Ionian
    - Dórica - Dorian
    - Frigia - Phrygian
    - Lydia - Lydian
    - Mixolydia - Mixolydian
    - Eólica - Aeolian
    - Locria - Locrian
- MODO MENOR ARMóNICO - HARMONIC MINOR MODE
    - Menor armónica - Harmonic Minor
    - Superfrigia - Superphrygian
- MODO MENOR MELóDICO - MELODIC MINOR MODE
    - Melódica menor - Melodic minor
    - Lydia aumentada - Augmented Lydian
    - Superlocria - Superlocrian
- MODOS SINTéTICOS INTERESANTES
    - Blue 1 (Pentatónica menor con tritono) - Blues
    - Whole tone (por tonos, Unitónica) - Whole Tone
    - Disminuída I (Tono-1/2 Tono)

En cuanto a la notación musical:

Solfeo	Do	Re	Mi	Fa	Sol	La	Si
<u>Notación Estadounidense</u>	C	D	E	F	G	A	B

El Camino del Improvisador

Introducción ... 1

Escalas y modos

Escala Mayor ... 2

Modos ... 9

- Modos de la escala mayor ... 11
- Modos de la escala melódica ... 16
- Modos de la escala armónica ... 23
- Modos simétricos disminuidos ... 30

Entendiendo los acordes

Construcción de acordes ... 34

Acordes primarios ... 36

Escalas-Acorde ... 47

Acordes en el bajo

Construcción de forma ... 67

Tablas de referencia de los acordes forma ... 68

Ejercicios ... 82

Ritmo ... 91

Subdivisiones de semicorcheas ... 93

Subdivisiones de tresillos ... 96

Subdivisiones mixtas ... 99

Aplicación armónica ... 102

12 pulsos & 12 notas ... 108

Compases irregulares

"Take 5"	(Dave Brubeck)	**119**
"Seven Days"	(Sting)	**120**
"Blue Rondo á la Turk"	(Dave Brubeck)	**121**
"Dreaming Paris"	(Vardan Ovsepian)	**122**
"Haiku"	(Mike Prigodich)	**123**
"Bestowal"	(Damian Erskine)	**124**
"Nigel's Theme"	(Mike Prigodich)	**125**
"Fif"	(Damian Erskine)	**127**

Improvisación

Armonia + Ritmo = Melodia	**129**
Tabla de sustituciones de los accordes-escala	**132**
Fraescando	**136**
Melodia/Tocando "afuera" de los cambios	**140**

Método de Práctica

Tabla de practica maestra	**143**

Otras Cosillas

Acordes partidos/Encontrando tu voz	**144**
Listos de canciones de práctica	**146**

Tablas de Acordes   148

Articulos NoTreble.com   156

Introducción

Muchos de ustedes estarán familiarizados con el manual de instrucciones "Right Hand Drive," el cual se enfoca en la técnica de la mano derecha. mientras que había una docena de páginas dedicadas al entendimiento de la armonía, los acordes y la construcción de escalas y la improvisación, mi intención no fue la de crear un estudio comprensivo, sino un sumario detallado. Con esto en mente, decidí escribir este libro específicamente para lidiar con el proceso armónico completo. Pondré todo lo que sé aquí, desde la primera escala que aprendí de niño hasta lo que sea en este momento. Más allá de esto, en especial quiero enseñar lo que aprendí acerca de:

- Cómo aprender
- Cómo enseñarse a una mismo y desarrollar sus propios ejercicios
- Como explorar las posibilidades por uno mismo.

Usted, el lector, aprenderás exactamente Como llegué a entender "esto o eso", yo le enseñaré las diferentes opciones armónicas disponibles para que usted pueda tomar lo que yo sé y explorar posibilidades alternas (en cuanto a las escalas de acordes, etc.), Pero hablaremos de eso más tarde. Aunque la tentación con muchos manuales es la de saltarse el texto e ir directamente al grano, le pido que se tome el tiempo de leer lo que escribo sobre la información contenida aquí adentro. Nada aquí está escrito en piedra, si algo no le gusta o no le suena bien, explore por su propia cuenta. Este libro se trata acerca de cómo hago lo que hago en la actualidad, pero aprender es un profesor que nunca acaba. Mis métodos están en constante evolución, al igual que los suyos. Nunca dejé de mejorar lo que ya sabe y cómo aplicarlo.

Al final del día, se trata de crear buena música. No se atasque en las matemáticas de la teoría musical. Escucha lo que suene bien para usted y l continúe mejorándolo. Diviértase y practique bien.

Escala Mayor

La mayoría de las referencias sobre los acordes y las escalas en este libro serán en relación a la escala mayor (y sus modos inherentes), por lo que es aquí en donde empezaremos nuestra travesía.

Cuando aprendo una escala por primera vez, por lo general empiezo en la tonalidad de Do mayor (C mayor), porque no hay accidentes (sostenidos y bemoles), por lo que es fácil saber si uno ha tocado la nota equivocada. Para nuestro propósito, mantendré todo aquí en la tonalidad de Do (C) por ahora, pero es importante que practique en TODAS las claves.

Muchos bajistas cometen el error de asumir que al tocar un instrumento en el que los patrones son iguales para todas las escalas —independientemente de la clave— "si se sabe una, se conoce todas". Esto suena muy bonito, pero en realidad, me he encontrado con muchos nuevos bajistas que no pueden tocar varios ejercicios escalares en claves menos comunes, como Sol ♭(G♭), por ejemplo. Practicar ejercicios melódicos en todas las claves NO es solo algo que hacen los pianistas o trompetistas, ¡es bueno para todos!

La escala de Do mayor (C mayor)

Ionian (Major)

El nombre del primer modo de la escala mayor es escala "Jónica". No se preocupe mucho de memorizar los nombres de los modos inmediatamente, pero cuando empiece a progresar, querrá aprenderlos. Llamaré a la mayorías de las escalas mencionadas en este libro por el nombre de la variación del modo de la escala mayor: Si me refiero a la Mixolidia ♭6, por ejemplo, obviamente es más fácil descifrar la escala si usted sabe lo que el modo Mixolidio es. Cuando aprenda una escala, creo que es mejor practicar cada variación del patrón para esa escala que pueda imaginar. Mi tendencia es:

- Memorizar el patrón
- Memorizar los patrones alternos
- Explorar cada variación posible que pueda imaginar
- Trabajar todos los patrones en múltiples octavas y en diferentes posiciones en el diapasón

En las próximas páginas le mostraré algunos patrones escalares normales que practicar. Esto le ayudará a internalizar la escala de una manera útil. Si solo practicamos una escala de una sola manera, en una sola octava, nunca aprenderemos cómo encaja en todo el diapasón y solo aprenderemos los intervalos de la escala de manera linear. Es bueno hacerlo en partes.

C Major Scale in Broken Intervals

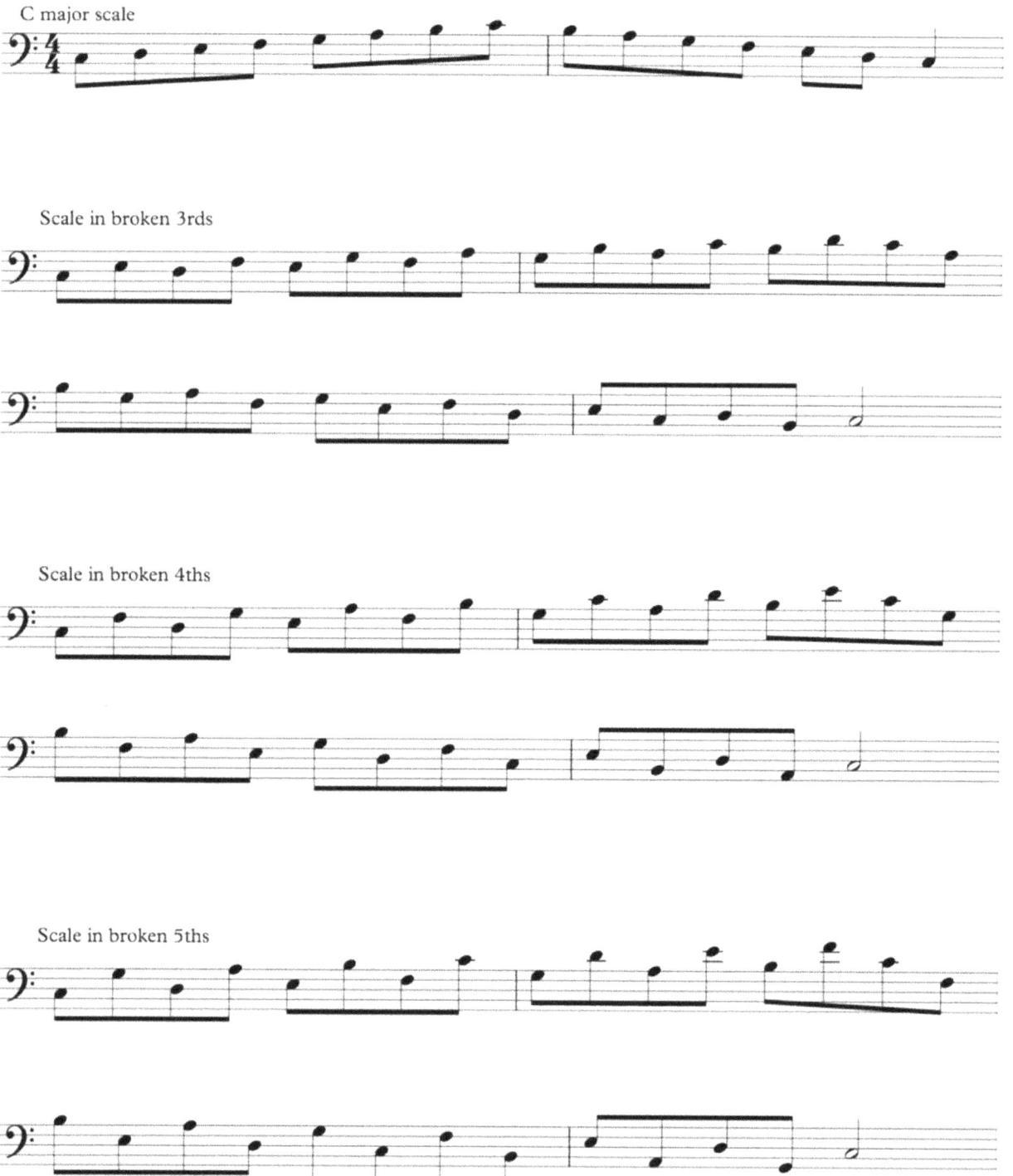

Escala Mayor

Scale in broken 6ths

Scale in broken 7ths

Incluso algunas variaciones escalares le ayudarán a moverse por el diapasón de formas nuevas y por múltiples octavas. Podrás hacer nuevas conexiones mentales sobre la relación entre las notas en la escala. Una vez que se sienta cómodo/a, será el momento de explorar más posibilidades interválicas.

Aquí hay otro ejercicio similar, pero esta vez simplemente tocaremos dos notas a la vez en todos los intervalos de la escala mayor como "dobles-paradas".

Major Scale Double-Stops Exercise

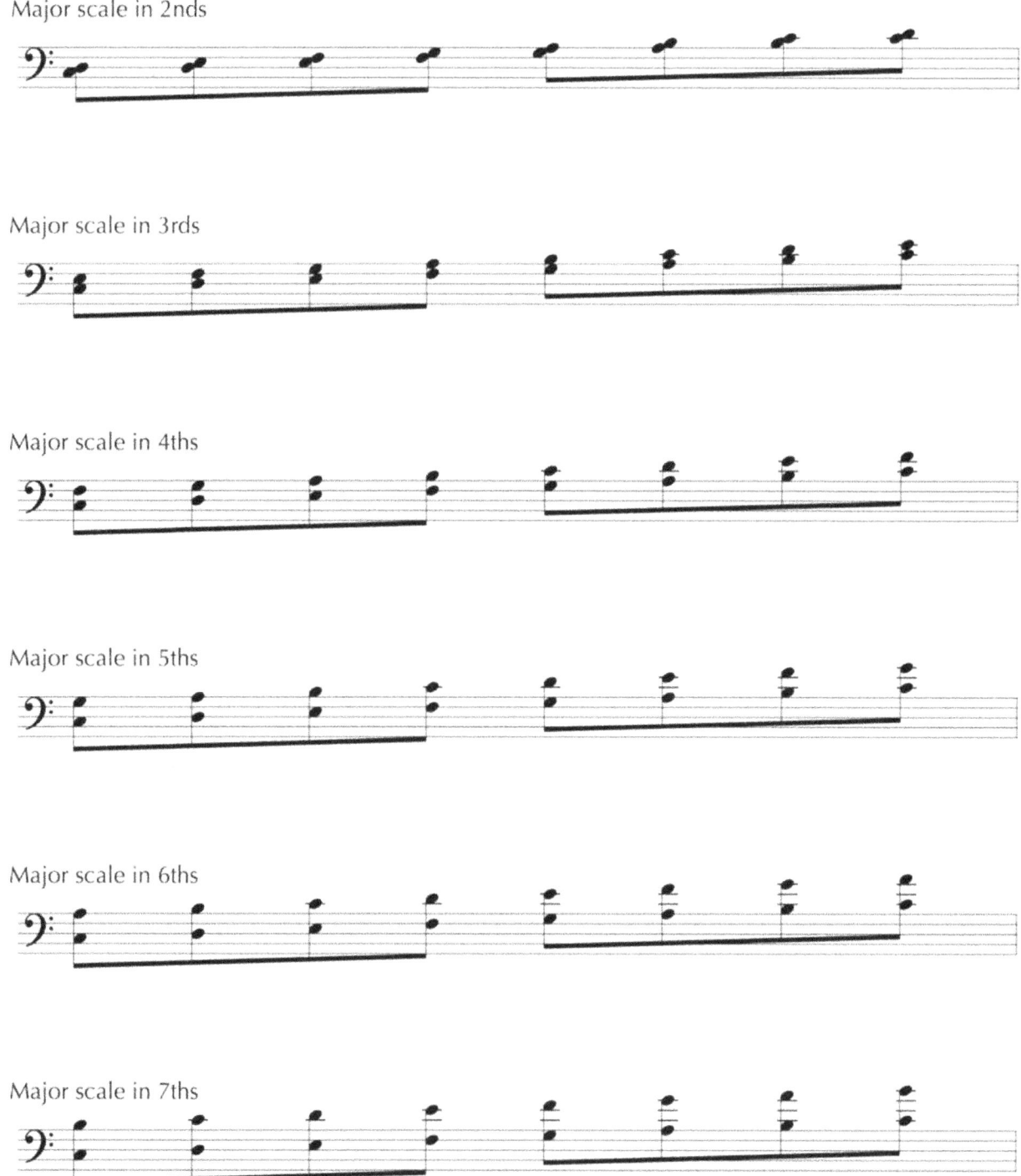

Algunos de estos ejercicios requieren bastante estiramiento de manos, lo sé, pero sus manos gradualmente evolucionarán en relación a la facilidad y flexibilidad siempre y cuando usted continúe creciendo a través de su práctica. Tome descansos y nunca toque si le duelen las manos.

Aquí hay otros ejercicios interválicos de la escala mayor que son un poco más difíciles. Se dará cuenta de que hemos empezado a tomar trozos escalares y muévalos interválicamente.

Miscellaneous Major Scalar Patterns

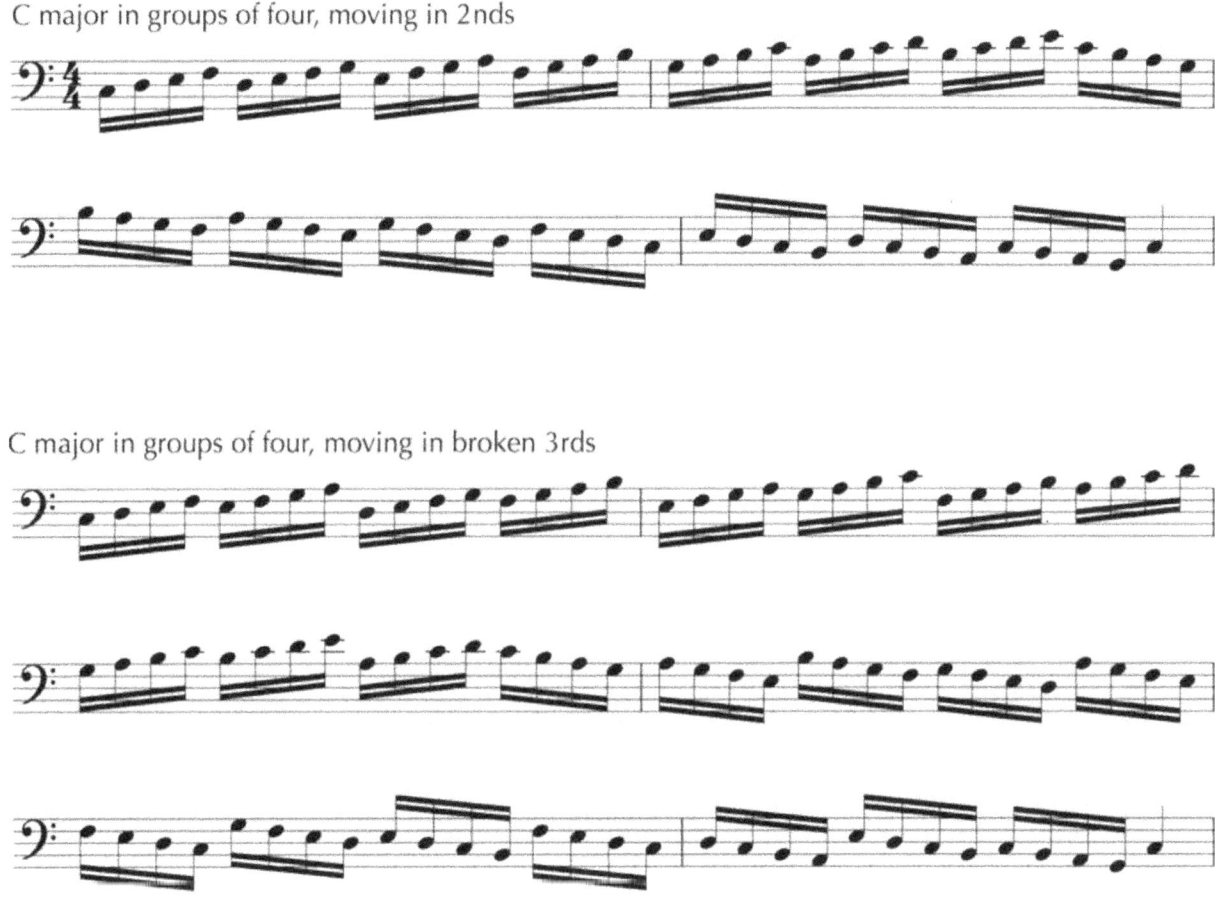

C major in groups of three, moving in 2nds

C major in groups of five, moving in broken 4ths

C major 5ths, moving in 3rds

Hablaré más sobre cómo desarrollar sus propios ejercicios más adelante en este libro, pero por ahora, recuerde que usted puede:
- tomar cualquier serie de intervalos— 1 2 3 4 o 1 3 4 5 7, por ejemplo (básicamente, cualquier número de notas de la escala, en cualquier orden)
- mover esos pedazos por cualquier serie de intervalos.

Ni siquiera hemos empezado con las variaciones rítmicas. Al final de este libro, usted tendrá un gran número de recursos interválicos que puede utilizar.

Ahora aplique algunos de los mismos principios a los modos de la escala mayor.

Primero, ¿qué es un modo?

Los modos son más simples de lo que la gente cree que son. Cada escala es un modo y cada modo es una escala. Volvamos a usar la escala Do mayor (C mayor) como punto de referencia.

Si empezamos la escala Do mayor y tocamos desde Do a Do (una octava), eso será el primer modo mayor. Si tocamos las mismas notas pero las tocamos de Re a Re (de D a D), es decir, una octava, ese será el segundo modo mayor. Hay siete modos en la escala mayor, uno por cada nota de la escala.

Aunque estemos tocando las mismas notas de cada escala (Do - C, Re - D, Mi - E, Fa - F, Sol - G, La - A , Si - B, Do), cada modo que toquemos tendrá un sonido diferente ya que empezaremos desde una nota raíz diferente. Aquí están los nombres de los modos escalares mayores en la tonalidad de Do:

Modos escalares más importantes

Modo	Grado de la escala	En la tonalidad de Do
Jónica (escala mayor)	1 2 3 4 5 6 7	C D E F G A B
Dórica	2 3 4 5 6 7 1	D E F G A B C
Frigia	3 4 5 6 7 1 2	E F G A B C D
Lidia	4 5 6 7 1 2 3	F G A B C D E
Mixolidia	5 6 7 1 2 3 4	G A B C D E F
Eólica (escala menor)	6 7 1 2 3 4 5	A B C D E F G
Locria	7 1 2 3 4 5 6	B C D E F G A

Note que el sexto modo de la escala mayor es la escala menor. Esto es a lo que los músicos se refieren cuando mencionan "**la relativa menor**" o "**la relativa mayor**"—es la escala menor o mayor, relativa a su escala madre.

Aunque mucha gente ya entiende los modos, hay varias preguntas que me han hecho varias veces por lo que hablaré de ellas aquí. Si esto es nuevo para usted, estas son algunas cosas que tener en mente.

- Las formas modales están en relación con cualquier clave en la que usted esté. La tonalidad de Do no siempre es mayor y Re no siempre es Dórica. Si usted está en la clave de Sol, entonces Sol es la escala Jónica y Mi es su relativa menor.
- La forma de cada escala es consistente en el bajo. A menos que usted esté usando una afinación alterna, cada escala tendrá la misma forma sin importar en donde empiece.

Los modos no son el santo grial del músico improvisador, sino que son las guías de la tonalidad. La mayoría de músicos usan los modos con cualquier tipo de acorde, y , personalmente, no pienso tanto en las escalas como en las relaciones tonales y los patrones. Hablaremos más sobre esto según profundicemos en las escalas de los acordes, pero solo quería clarificar esto.

Mientras que es importante aprender las escalas y los modos, no hay que preocuparse por

Si bien es importante aprender sus escalas y modos, no hay necesidad de quedarse atrapado en adherirse a un tipo de escala en un acorde. En última instancia, una vez que haya explorado cómo funciona la armonía funcional y haya explorado la gran cantidad de opciones escalares disponibles para usted sobre los cambios de acordes, se dará cuenta de que cada nota está disponible para usted. Es más una cuestión de contexto y resolución. No existe una mala nota--solo una mala resolución.

Si una escala no le suena bien sobre un acorde, explore escalas alternativas para esa tonalidad, pero recuerde que el fraseo y la resolución son a menudo más importantes que la escala que esté tocando.

No tema la tensión en una nota, sino que, explore cómo controlarla y utilizarla para su ventaja. No hay ninguna nota que un buen músico no pueda hacer funcionar en ningún tipo de acorde. Simplemente requiere experiencia y una exploración reflexiva del sonido.

Primero debemos aprender las reglas antes de poder romperlas efectivamente, por lo que es importante trabajar diligentemente con estas cosas. Solo puede ayudar a ampliar sus oídos y su paleta sonora.

Aquí hay algunos patrones más para ayudarle a internalizar los modos de escala principales. (También debe aplicar todos los ejercicios anteriores a cada modo que explore).

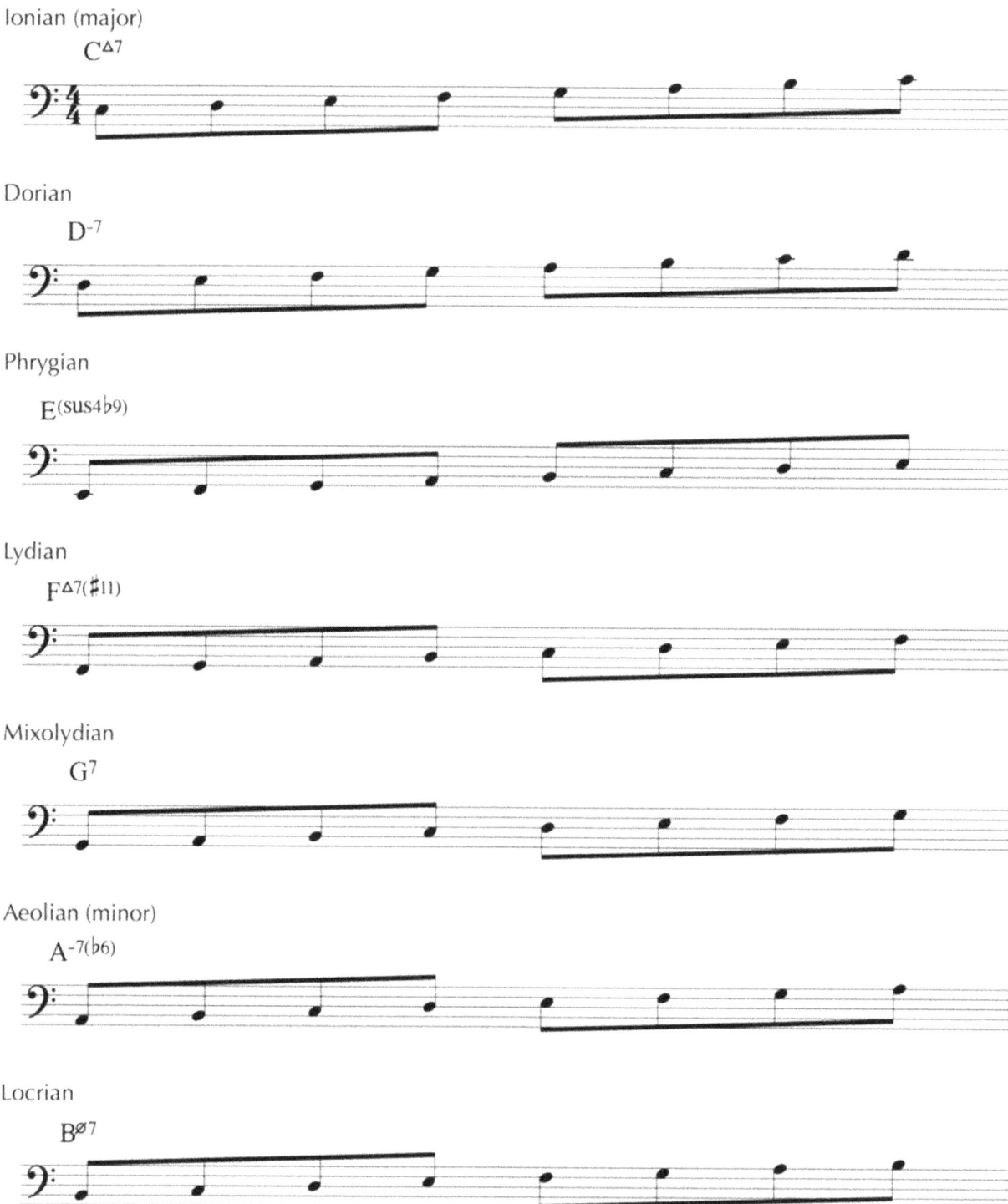

Aquí hay un pequeño ejercicio maravilloso que realmente ayuda a reunir una comprensión de cómo los modos se relacionan entre sí en el diapasón. Esta es también la primera instancia de arpegios en este libro. Usaré arpegios bastante cuando nos metamos en escalas de acordes y ejercicios sobre cambios de acordes.

En pocas palabras, un arpegio es una escala que se toca en terceras. La mayoría de nosotros aprendemos primero un arpegio de tres notas. (1 3 5 de una escala), que es esencial para la construcción de acordes, sin embargo, lo guardaremos para un poco más tarde. También podemos ampliar la amplitud del arpegio a cuatro o más notas de la escala. Por el momento, vamos a limitarnos a los arpegios de 4 notas (que cubren los cuatro tonos de acordes principales: la raíz, 3ª, 5ª y 7ª). Personalmente, creo que trabajar con arpegios ayuda bastante a:

- Expandir la percepción del diapasón.
- Internalizar las notas del diapasón• Internalizing the relationships between the notes in any given tonality
- Internalizar la relación entre las notas en cualquier tonalidad
- Romper con patrones lineales y a cubrir un rango más armónico

Aquí hay arpegios de cuatro notas que comienzan con cada nota de la escala de Do mayor, lo que le da arpegios a través de los modos y nos muestra las tonalidades generales asociadas con cada modo de la escala principal.

Major scale modal chords, 4-note arpeggios

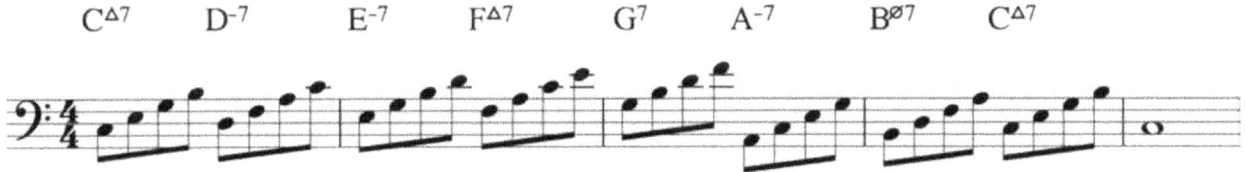

Una vez que hayas empezado a ver esos arpegios con mayor facilidad, es hora de volver a subir la apuesta inicial. En este próximo ejercicio, estamos tocando arpegios de cuatro partes (1 3 5 7 de la escala, también conocidos como notas de acordes), pero en lugar de viajar de la raíz a la séptima en una sola dirección en cada modo, haremos un buen patrón que fluye fuera de él, subiendo uno y bajando el siguiente. ¡Me encanta este ejercicio!

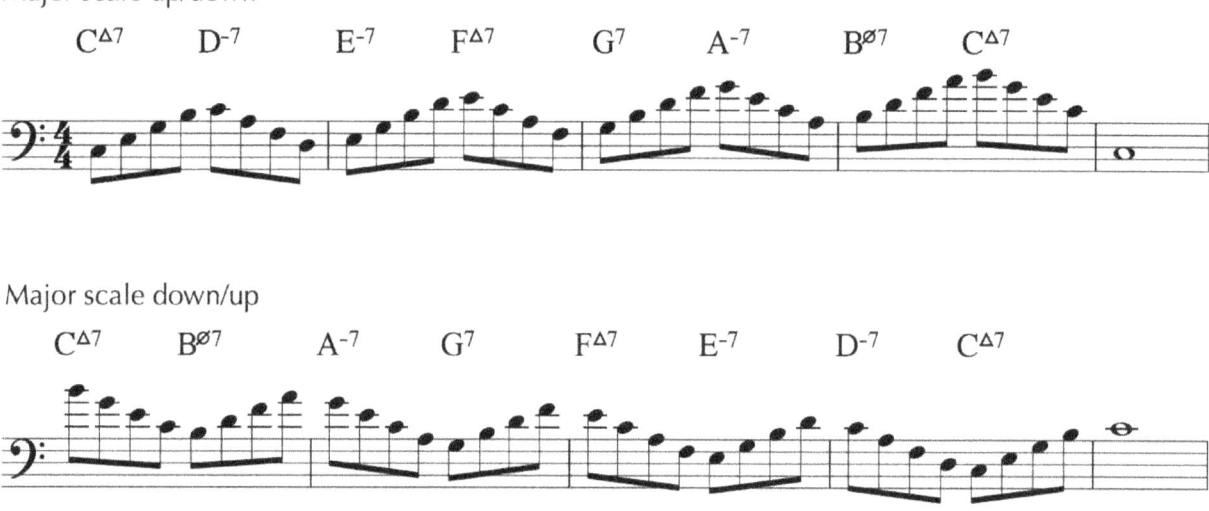

La escala mayor no es el único juego en la ciudad. Aunque hay literalmente cientos de escalas en el mundo, en Jazz uno puede ir a cualquier lugar usando varios modos de estas escalas principales:

- la escala mayor
- la melódica menor
- la harmónica menor
- la simétrica disminuida

Estos otros tipos de escala ayudan a llevar al improvisador a un territorio más rico armónicamente (y melódicamente) en sus solos, melodías, rellenos o incluso líneas de bajo. Exploraré algunas posibilidades más adelante en el libro, pero por ahora, aquí hay un simple desglose de cada tipo de escala. Trabajaremos a través de algunos patrones escalares utilizando estos otros tipos de escalas. Tenga en cuenta que los enumeraré con más frecuencia con referencia a los modos de escala principales.

Tipo de escala	Grado de la escala (en relación a la escala mayor)	Empezando con Do (C)
Melódica menor	1 2 b3 4 5 6 7	C D E♭ F G A B
Melódica menor	1 2 b3 4 5 b6 7	C D E♭ F G A♭ B

Como puede ver:

Melódica menor Escala mayor con una 3ra bemol

Armónica menor Escala menor con una 7a natural

La simple alteración de una o dos notas en una escala mayor nos introduce a nuevos conjuntos de modos para estudiar, y también nos llevará al extremo más profundo del conjunto de armónicos. Esto sirve para ampliar nuestro vocabulario, oídos y reproducir líneas más relevantes en términos armónicos sobre cambios de acordes más complicados.

NOTA: En teoría clásica, la escala menor melódica es diferente de modo ascendente que en el modo descendente. En el mundo del jazz, solo usamos la escala menor melódica ascendente. Simplemente llamaré a esto como la escala melódica menor, que es lo que piensan los músicos de jazz si se refieren a esta escala.

Dese cuenta de que no he listado la escala simétrica disminuida arriba. Pensé que sería más fácil explicar cómo funciona esta escala, ya que en realidad hay dos escalas simétricas disminuidas diferentes.

Blanca-entera   Alternando notas blancas y enteras
Entera-blanca   Alternando notas enteras y blancas

Tipo de escala	Empezando con C
Blancas-Enteras	C C# D# E F# G A B♭
Enteras-Blancas	C D D# F F# G# A B

Ahora vamos a hacer algunos ejercicios más a través de todos los modos. Aquí están los mismos ejercicios que usamos para nuestros modos de escala mayor, modificados para reflejar:

- Melódica menor
- Harmonica menor
- Simétrica disminuida

<u>**NOTA**</u>: Por lo general, al anotar música, no usarías un número accidental (# o ♭) dos veces para la misma nota en una barra. En los ejemplos que siguen, verá varias notas E ♭ en una medida, por ejemplo. Normalmente, el primer ' ♭ ' se traslada automáticamente a cada 'E' para seguir en la barra. Para muchos de los ejercicios en este libro, usaré accidentalmente CADA nota para que lean como si los estuviera hablando en voz alta. Esto es realmente solo para evitar confusiones, especialmente para cualquiera que se familiarice con la lectura y trate de resolver estas cosas nota por nota. Mis disculpas a los lectores que se sienten más cómodos si se desilusionan por esto.

Melodic Minor Modes

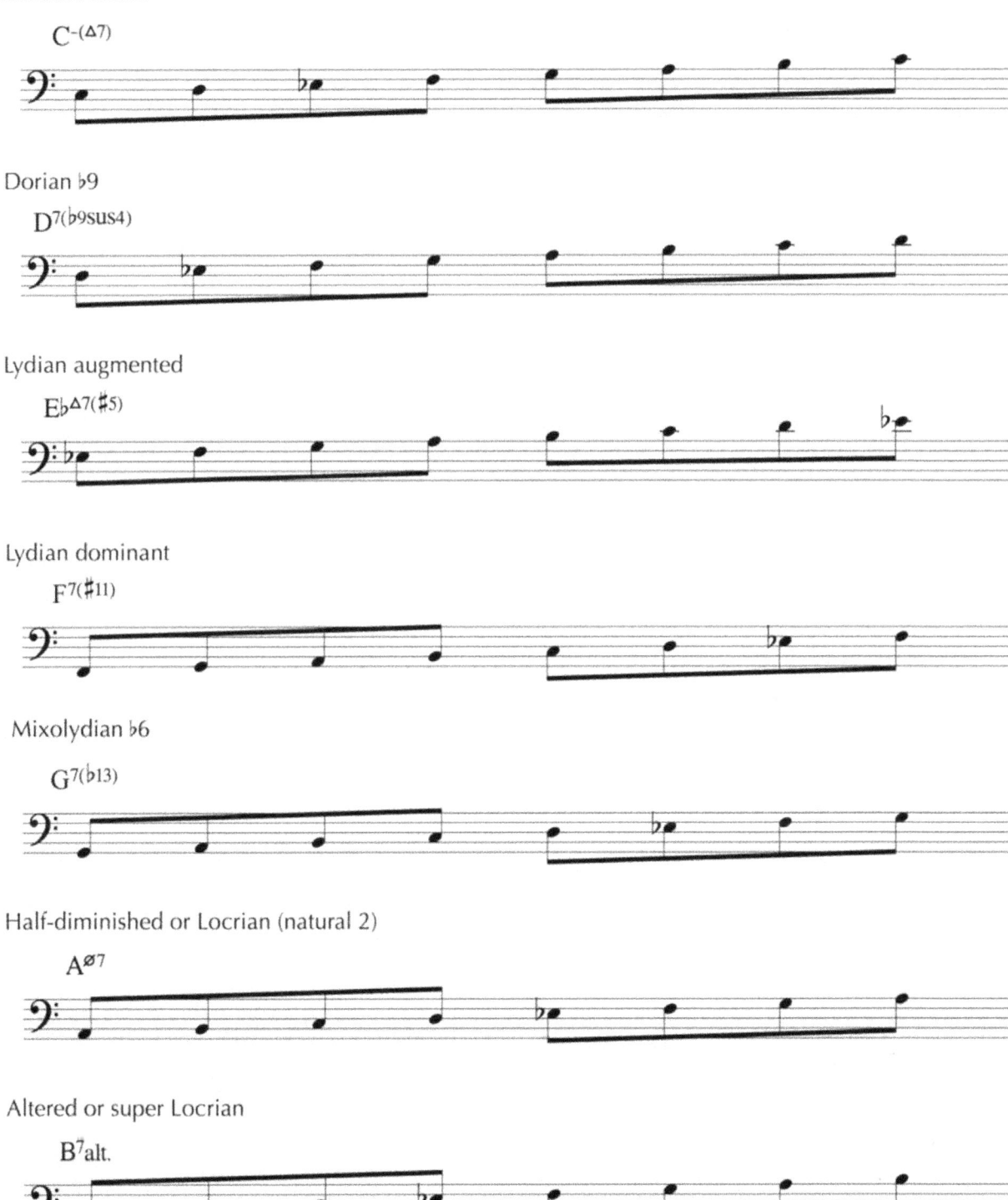

C Melodic Minor Scale in Broken Intervals

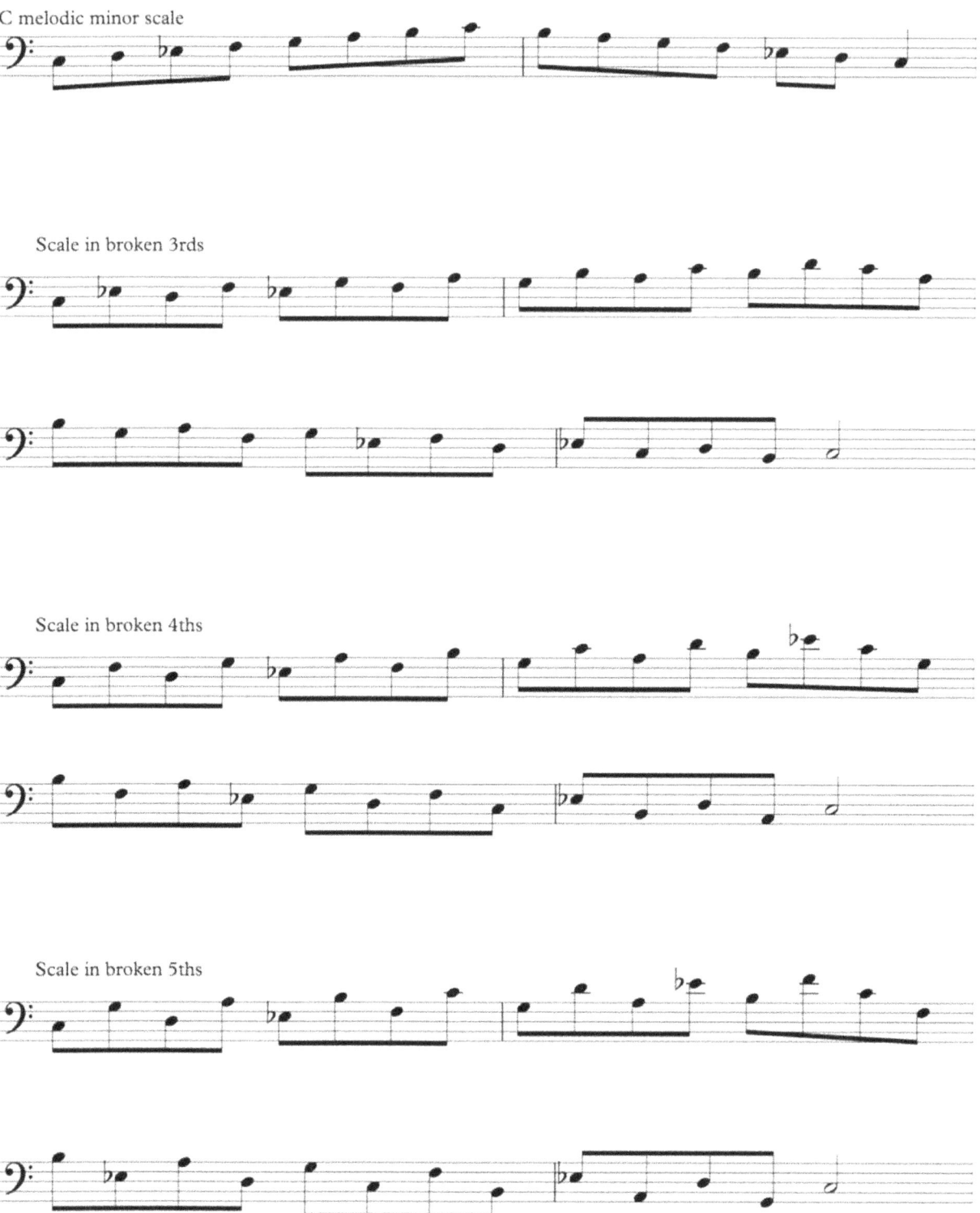

Miscellaneous Melodic Minor Scalar Patterns

C melodic minor in groups of four, moving in 2nds

C melodic minor in groups of four, moving in broken 3rds

C melodic minor in groups of three, moving in 2nds

C melodic minor in groups of five, moving in broken 4ths

C melodic minor 5ths, moving in 3rds

Melodic Minor Double-Stops Exercise

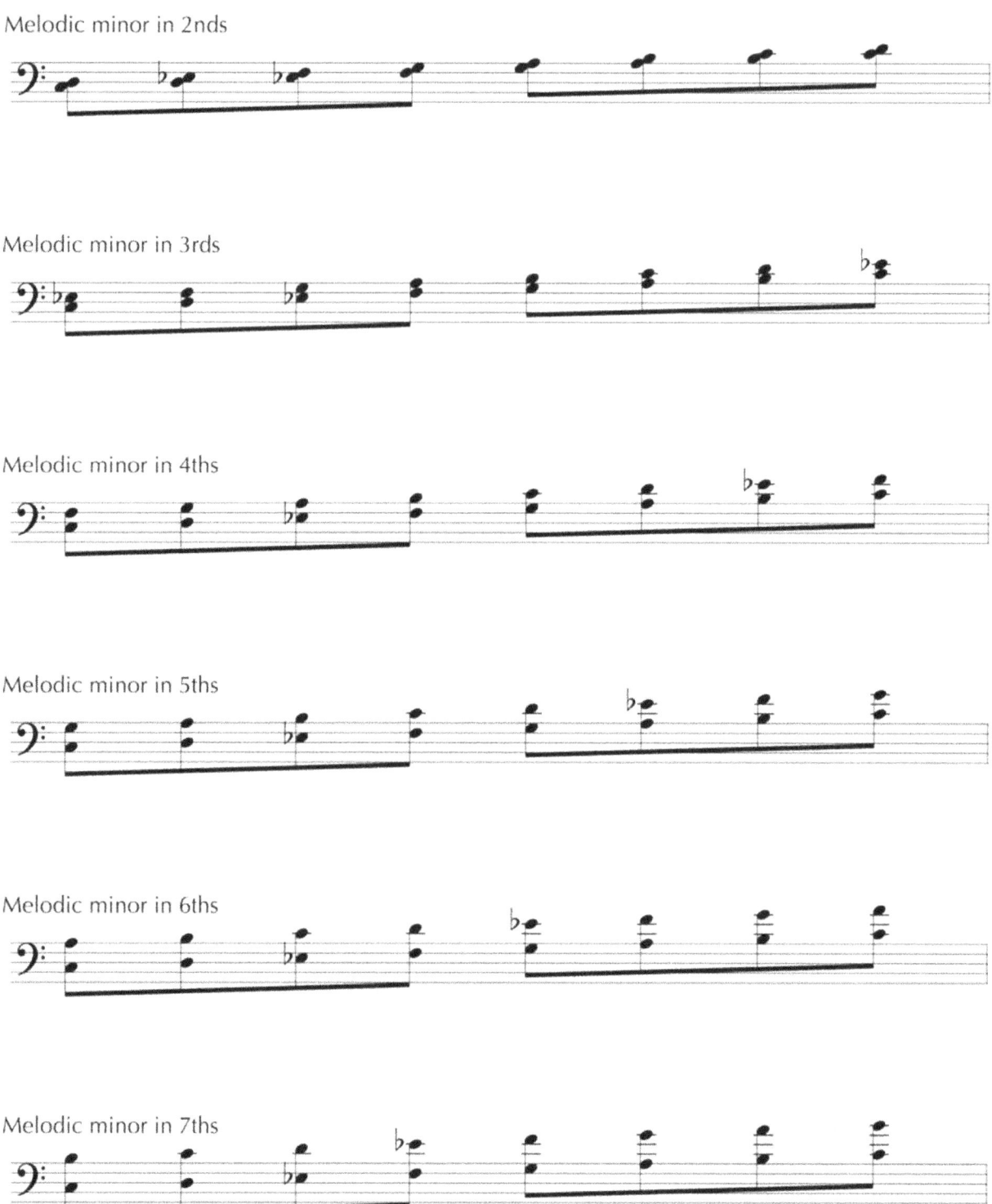

Melodic minor scale modal chords, 4-note arpeggios

Melodic minor scale up/down

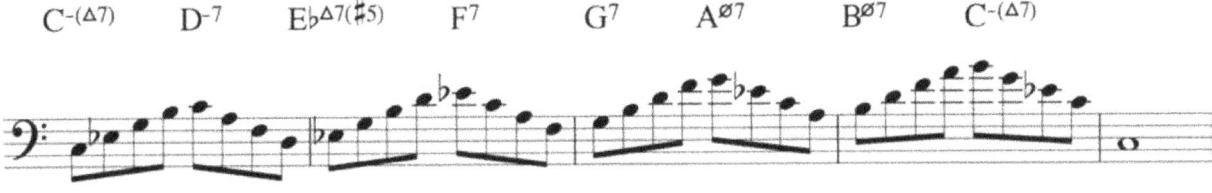

Melodic minor scale down/up

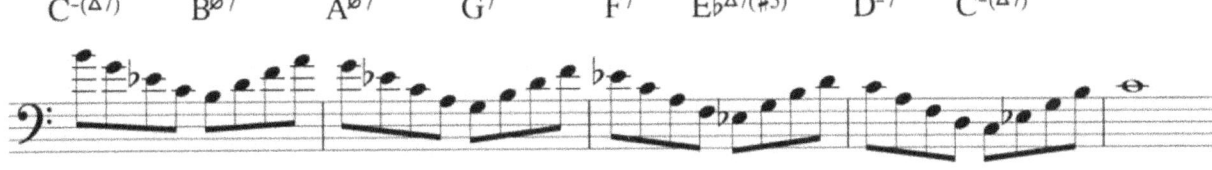

Harmonic Minor Modes

Harmonic minor
C-(Δ7)

Dorian ♭2, ♭5
Dm7(♭9/♭5)

Ionian #5
E♭Δ7(#5)

Dorian #4
Fm7(#11)

Mixolydian ♭2, ♭6
G7(♭9)

Lydian #2
A♭maj7(#11/#9)

Altered, natural 6
B°

C Harmonic Minor Scale in Broken Intervals

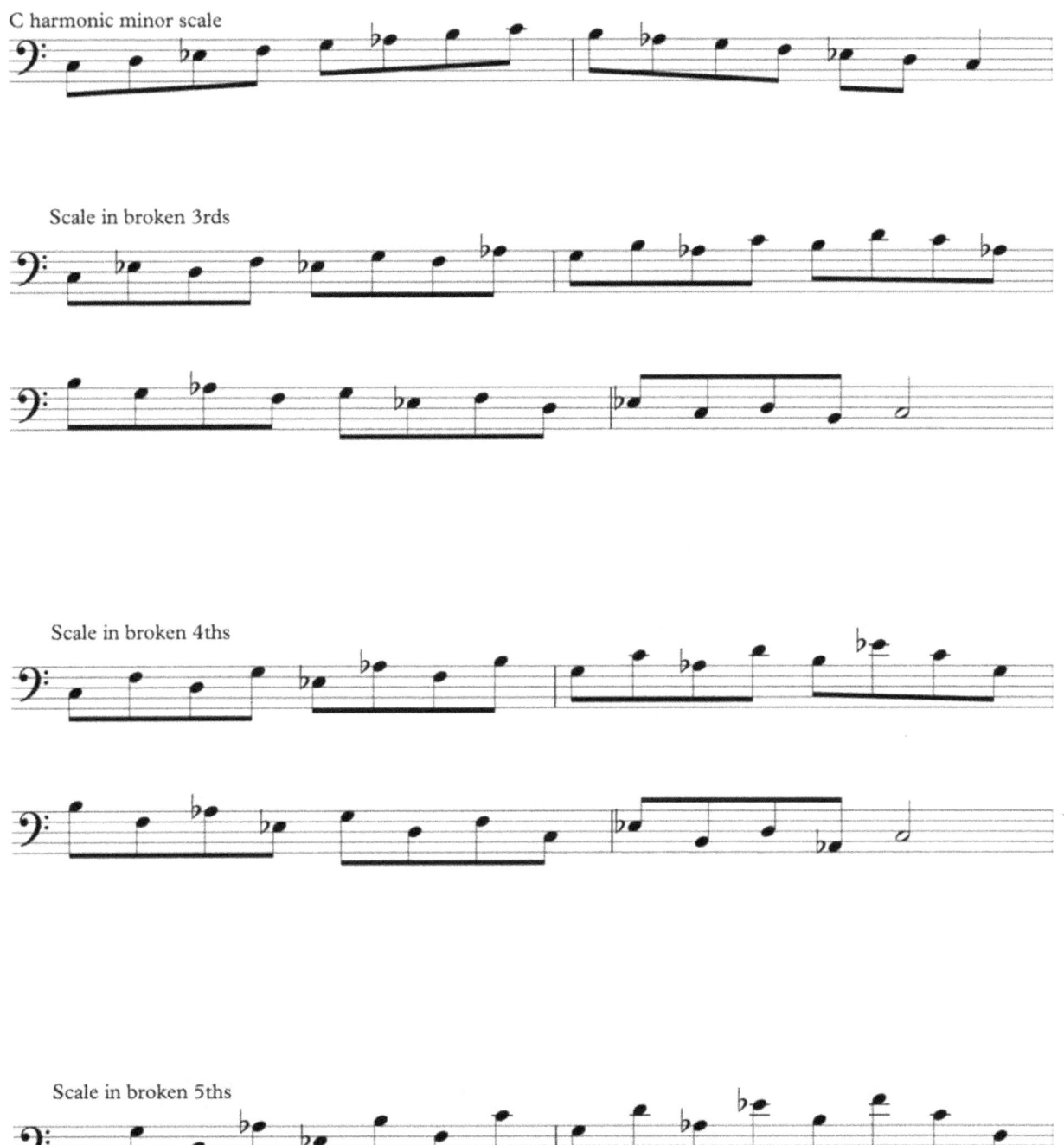

Miscellaneous Harmonic Minor Scalar Patterns

C harmonic minor in groups of four, moving in 2nds

C harmonic minor in groups of four, moving in broken 3rds

C harmonic minor in groups of three, moving in 2nds

C harmonic minor in groups of five, moving in broken 4ths

C harmonic minor 5ths, moving in 3rds

Harmonic Minor Double-Stops Exercise

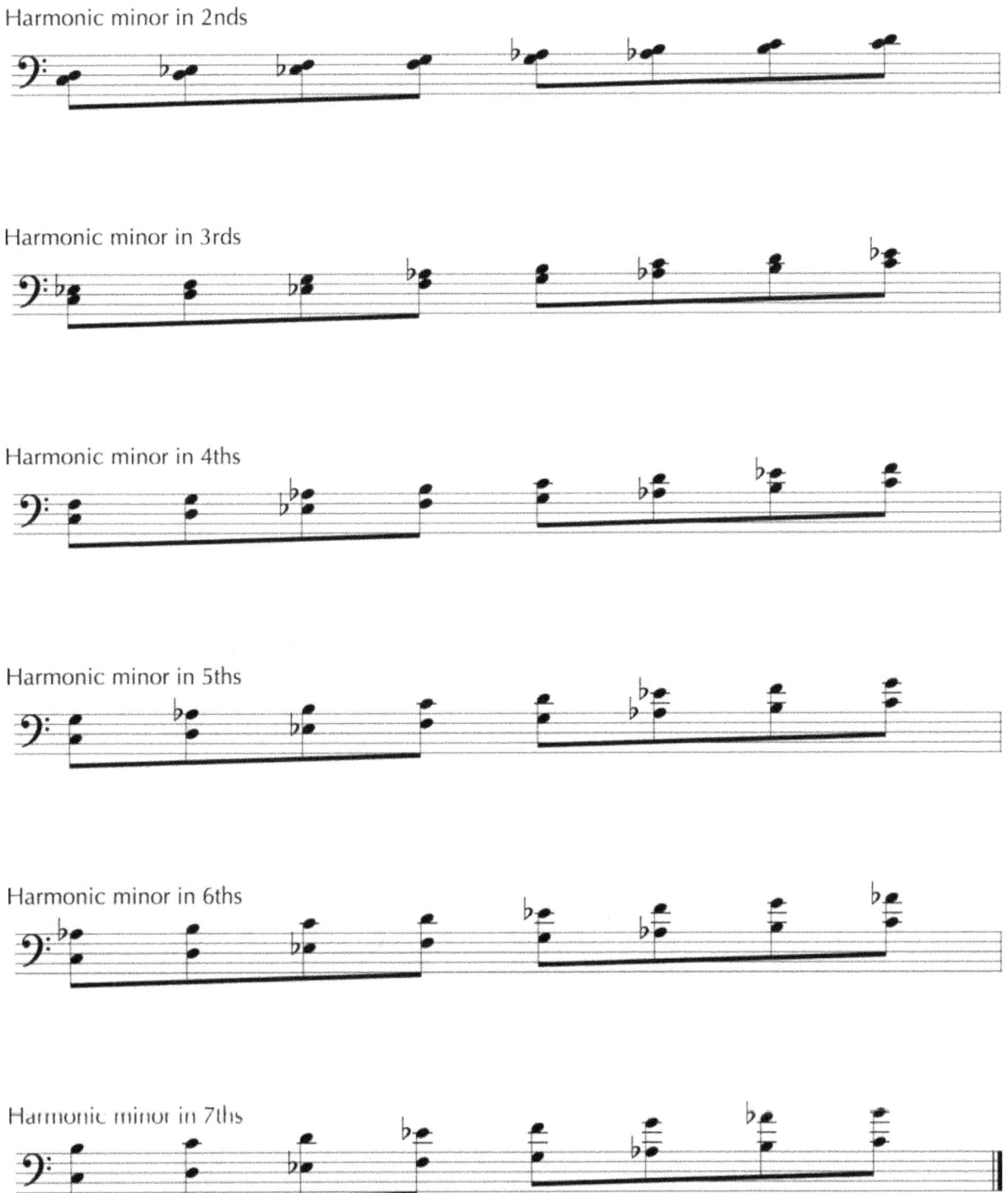

Harmonic minor scale modal chords, 4-note arpeggios

Harmonic minor scale up/down

Harmonic minor scale down/up

Bien, ahora es el momento de mirar más de cerca los modos simétricos disminuidos ("dismin-sim." para abreviar).Las escalas simétricas disminuidas son un poco diferentes de otras escalas porque son un conjunto de patrones interválicos. Esto también sirve para hacer escalas de 8 notas (a diferencia de las escalas de 7 notas más típicas). The shape is symmetrical and moves across the fretboard in an easy-to-see way. Juegue con esta forma, y por ahora, solo trate de obtener el sonido en tu cabeza.

Si bien una escala reducida se puede usar sobre cualquier cosa, debido a su sonido distintivo, los fraseos disminuidos pueden sonar bastante bien en casi cualquier tonalidad, pero existen dos aplicaciones más comunes.

Tipo de acorde	Símbolo	Escala	Escala desde C (Do)
Disminuida	o7	Tono-½ tono disminuida	C D E♭ F G♭ A♭ A B C
Dominante Alterado	Alt/ o cualquier acorde dominante con una extensión alterada (b9, #9, etc..)	½ tono-tono disminuida	C D♭ E♭ E F# G A B♭

Aunque algunos compositores pueden estar tratando de implicar una escala sobre otra cuando eligen el símbolo para el acorde (por ejemplo, escribir un "C7 ♭ 9" en lugar de simplemente escribir "C7 (alt)" o "C7 # 9"), la escala ½ Tono-Tono funciona porque afecta a la mayoría de las posibles extensiones alteradas
(♭9, #9 y #11).

Sin embargo, no aborda el ♭13. No todas las notas son iguales (aunque mucho depende de cómo se exprese el acorde). Sin embargo, no aborda el ♭13. No todas las notas son iguales (aunque mucho depende de cómo se exprese el acorde). El ♭9 y el ♭13 pueden sonar bastante raros sobre un acorde dominante alterado. Siempre es mejor explorar cada nota en una escala de acordes y cómo crea consonancia o disonancia contra voces comunes.

La escala Tono-½ Tono utilizada sobre los acordes disminuidos no modifica ninguna de las extensiones excepto la ♭13.

En la práctica, tiendo a no usar ninguna de estas escalas sobre esos tipos de acordes específicos, sino más bien, como un efecto (ese sonido distintivo nuevamente) sobre cualquier tipo de acorde dado (especialmente los acordes dominantes, alterados o no). En los próximos capítulos, cubriremos más terreno con respecto al empleo de varias escalas sobre todos los tipos de acordes. También hablaremos sobre alternativas a esas escalas sobre esos tipos de acordes. Por ahora, solo introduce estas formas y sonidos en su cabeza y dedos.

Symmetrical Diminished

Half-whole

Whole-half

Symmetrical Diminished in Broken Intervals

Half-whole in broken 3rds

Half-whole in broken 4ths

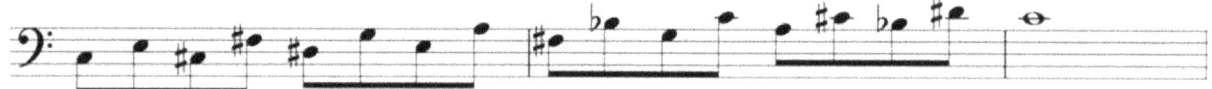

Half-whole in broken 5ths

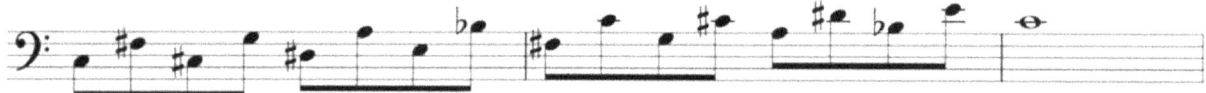

Half-whole in broken 6ths

Half-whole in broken 7ths

Misc. Symmetrical Diminished Patterns

Half-whole in groups of four, moving in 2nds

Half-whole in groups of four, moving in broken 3rds

Half-whole in groups of three, moving in 2nds

Common Symmetrical Diminished Patterns

Four-note arpeggios moving in 3rds

Five-note decending arpeggios moving in 3rds

A lo mejor se habrá dado cuenta de que solo he incluido la escala ½ Tono-Tono en los ejemplos anteriores. Esto es porque sería demasiado repetitivo incluir ambas ½ Tono -Tono y Tono- ½ Tono, ya que son la misma escala, solo medio paso aparte.

Ejemplo: C ½ Tono-Tono   =   C# Tono- ½ Tono

Me doy cuenta de que esto parecerá una montaña de información que internalizar. No se sienta que tiene que hacerlo de inmediato. No se abrume. Solamente tome una escala a la vez y explore el sonido de cada modo. Probablemente, yo solo use algunas de ellas. El solo hecho de explorar todos esos sonidos aumenta su capacidad de escuchar dispositivos armónicos como los que se encuentran aquí, y lentamente comprenderá cómo incorporar estas cosas a medida que se desarrollan sus "oídos". De hecho, durante muchos años solo utilicé modos de escala mayor antes de que realmente comenzara a explorar cualquiera de las otras escalas.

Ahora que hemos explorado escalas en un contexto modal, pasemos a la construcción de acordes y escalas de acordes.

Creo que en la creación real de música y en la improvisación, comprender completamente la construcción de acordes es más útil que las escalas. Los modos solo le permiten tocar dentro y moverse dentro de una tecla específica. Si bien este es un gran lugar para comenzar a explorar la tonalidad en su instrumento, para ser un improvisador más competente, uno debe ser un poco más intencional (o específico) con su elección de notas. Utilizaremos los símbolos de acordes para ayudar a determinar qué escala puede elegir. Si bien un modo puede funcionar perfectamente bien en un conjunto completo de cambios de acordes, generalmente suena un poco como si solo estuviéramos tocando una escala en lugar de realmente tocar la melodía (especialmente como bajistas, porque estamos muy bien entrenados con respecto al aterrizaje en la raíz). Si bien exploraremos formas de alejarnos de esta tendencia (incluso mientras tocamos una escala en una tecla sobre un conjunto de cambios), creo que es fundamental explorar completamente cómo se construyen los acordes y qué notas están disponibles para usted debido al tipo de acorde —Y no sólo en relación con la clave en la que podríamos estar.

La armonía es un tema que llegué a entender una vez que comencé a tocar música profesionalmente y a hacer preguntas a mis compañeros. Este es mi proceso para desarrollar la comprensión de las escalas de acordes y cómo explorarlas; decida por usted mismo qué escalas te suenan mejor.

Primero, debemos aprender e internalizar los tipos de acordes primarios. Estos son los cimientos de cada acorde.

TIPOS DE ACORDES PRIMARIOS:

TIPO	Numéricamente	En la clave de C
TRIADAS		
Mayor	1 3 5	C E G
Menor	1 ♭3 5	C E♭ G
Disminuida	1 ♭3 ♭5	C E♭ G♭
Augmentada	1 3 #5	C E G#
Acordes 7mos		
Mayor	1 3 5 7	C E G B
Dominante	1 3 5 ♭7	C E G B♭
Menor	1 ♭3 5 ♭7	C E♭ G B♭
Medio-disminuida	1 ♭3 ♭5 ♭7	C E♭ G♭ B♭
Misminuida	1 ♭3 ♭5 ♭♭7	C E♭ G♭ A (B♭♭)
Sus4	1 4 5 ♭7	C F G B♭

Comprender estas cualidades de acordes le proporcionará los componentes básicos de cómo discernir los dispositivos armónicos por sí mismo y explorar las opciones escalares sobre los cambios. Si puede entender esto y ponerlo en práctica, entonces ¡sabrá todo lo que necesita saber para comenzar a tocar sobre los cambios! La clave es cómo practicar y cómo tomar lo que sabe y explorar lo que no sabe.

Muchos músicos usan símbolos como abreviatura cuando escriben acordes. Es más fácil y limpio en el gráfico, y es más limpio y fácil de leer.

Estos son los símbolos más utilizados para los tipos de acordes:

Tipos de Acordes	Simbolos
Mayor	MAJ / M / Δ
Menor	min / m / -
Dominante	7 (un 7 solo sin otro símbolo al lado a parte de otras tensiones posibles)
Semidisminuida	$-7(\flat 5)$ / $\emptyset 7$
Disminuida	dim / $^{o}7$

Yo prefiero:

Δ **para Mayor**

- para menor

ø **para simidisminuida**

o **para disminuida**

Los símbolos no obligan al lector a leer palabras completas o prestar atención a las mayúsculas mientras toca; un único símbolo parece más fácil de escribir y leer. Cualquier alteración representada en el símbolo de acorde se explicará de manera bastante obvia en la parte superior de uno de esos tipos de acordes. Una vez que aprenda los símbolos y significados anteriores, todo se volverá mucho más fácil de entender cuando lea los cambios de acordes. Esta es la base desde la que trabajaremos.

NOTA: Cuanto menos piense, mejor oirá. Esta es exactamente la razón por la cual es importante trabajar en cosas lo suficiente como para ponerlas en la memoria muscular. La música ocurre en tiempo real: no podemos hacer una pausa para hacer matemáticas mientras tocamos. Todo tiene que estar incorporado, lo cual requiere repetición y paciencia.

Aquí es donde comienza el trabajo. Una cosa es entender los cambios de acordes conceptualmente, pero otra es desarrollar la capacidad de tocar fluidamente dentro de ellos. Para hacerlo se requiere la internalización de patrones armónicos y el uso de dispositivos armónicos, que deben ser de segunda naturaleza. Al tocar música, uno no tiene tiempo para pensar en procesos de varios pasos. Trabaje para internalizar las relaciones musicales a través de la repetición y la práctica consciente.

Tonos de los acordes primarios

Me gusta comenzar con los tonos de acordes porque:

• Cada símbolo de acorde nos da inmediatamente cuatro notas que definitivamente funcionarán sobre un acorde.

• Esas notas son cruciales para nuestro papel como bajistas, pero cuando creamos una melodía solista, también sirven para delinear la armonía funcional.

Una vez que hemos "dominado" los cuatro tonos de acordes, solo nos quedan tres notas para trabajar (en otras palabras, ya hemos "dominado" 4/7 de la escala de acordes para cualquier acorde dado, con algunas excepciones, por supuesto.

Los primeros pasos en mi proceso son trabajar con cada tipo de acorde primario usando arpegios en todas las inversiones. Una inversión es simplemente un nuevo apilamiento del arpegio, moviendo la nota inferior a la parte superior.

Inversions

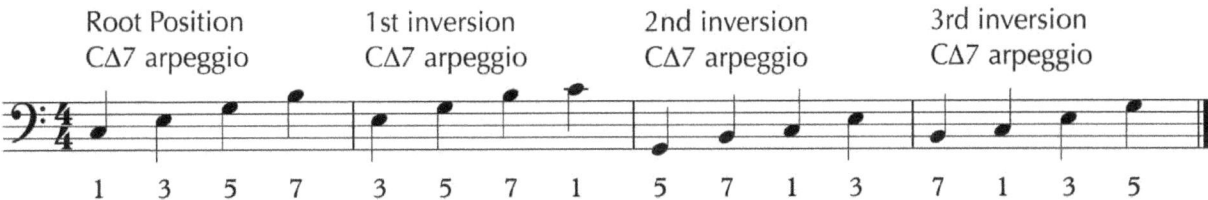

Por lo que: La primera inversión   = 3 5 7 1
              La segunda inversión   = 5 7 1 3
              La tercera inversión   = 7 1 3 5

La siguiente página contiene la posición raíz y todas las inversiones para cada tipo de acorde primario.

Inversions: all primary chord types

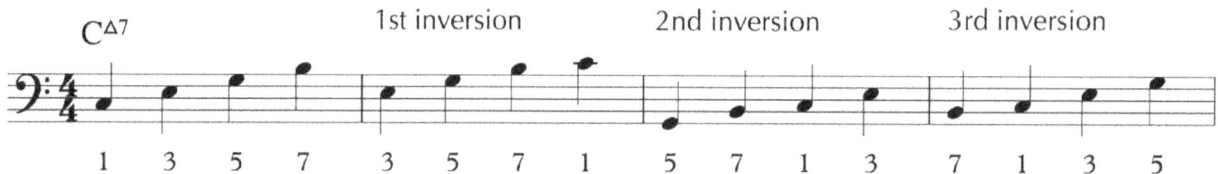
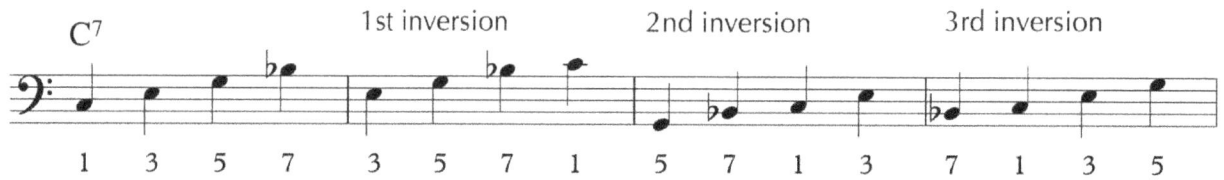
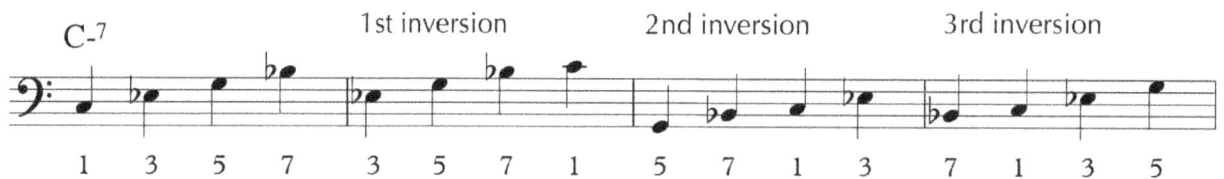
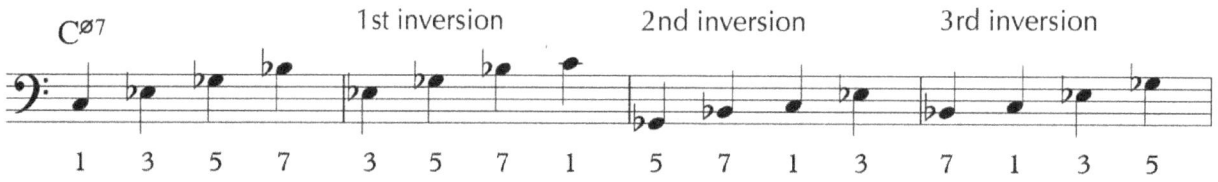
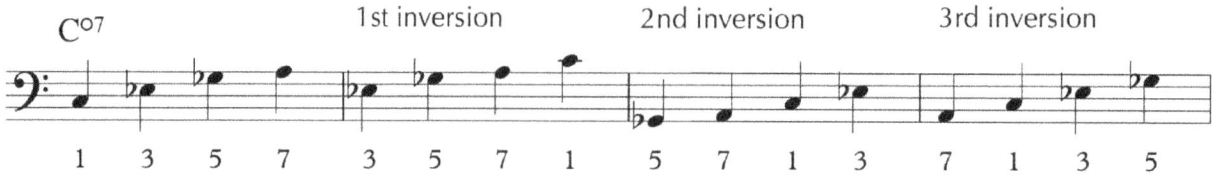
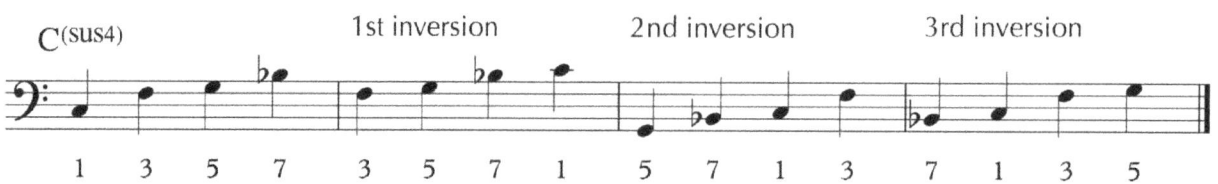

Este es mi proceso: trabajo en cada inversión de a una por vez a través de cambios de acordes a un estándar. Consígase un **Real Book**, una colección de estándares de jazz que le proporcionará melodías para toda la vida. También uso una aplicación llamada **iReal Pro** para tocar junto con los cambios de acordes. El software **Band-in-a-Box** de PG Music es otra alternativa.

Esta es la manera en la que le recomiendo que trabaje en las inversiones:

- Trabaja en un conjunto de cambios (sintonía) fuera de tiempo.

- Tómese su tiempo y toque cada acorde correctamente.

- Toque la melodía a tiempo **lentamente**. Esto le obliga a hacerlo en tiempo real. Luego toque la melodía a un ritmo más rápido.

Hago esto para **cada inversión** hasta que pueda hacer una melodía en el tiempo y a tiempo sin cometer demasiados errores. No se preocupe por cometer errores aquí y allí, pero tampoco se permita ir demasiado rápido. Si comete muchos errores, reduzca la velocidad, ya que no quiere reforzar los malos hábitos o errores.

Una vez que he tocado una melodía completa, suelo cambiar melodías. Es importante no quedarse estancado en una sola canción; usted quiere desarrollar la capacidad de hacerlo a través de cualquier melodía. También es importante alterar los cambios de acordes de vez en cuando. Alternativamente, puede cambiar la clave, pero también recomiendo trabajar con cada melodía que pueda usando esta metodología.

La siguiente página le dará un ejemplo de la canción "Beautiful Love" en la posición raíz.

Beautiful Love
(Root Position)

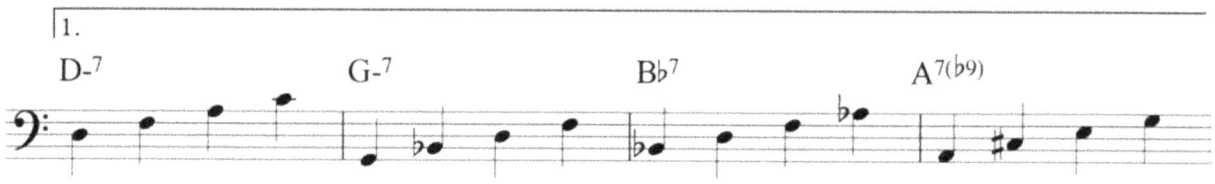
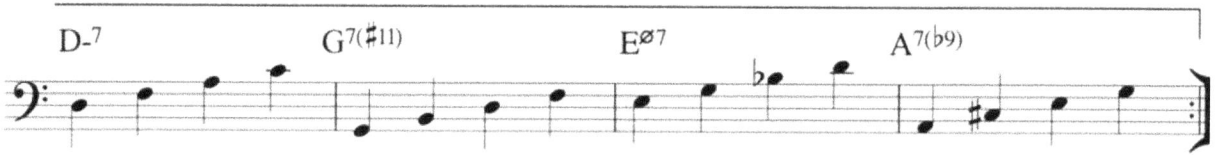

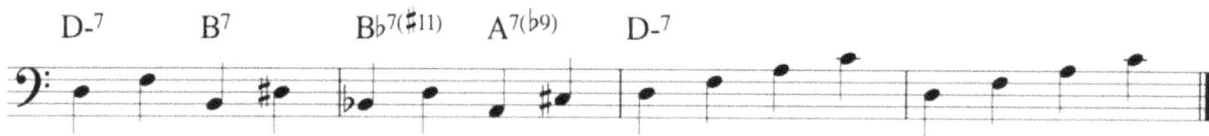

IV _____ Acordes Primarios

Aquí está la misma melodía en la primera inversión. Concéntrese en los tonos de acordes primarios ahora mismo. No nos preocupemos por las extensiones todavía.

Ahora, solo estas pocas páginas presentan bastante tarea. Hágase un favor y trabaje esto en su régimen de práctica. Es especialmente bueno para nosotros, los bajistas, que estamos tan bien entrenados para comenzar cada acorde desde la raíz. Este es el comienzo del proceso que le ayudará:

- Comience a visualizar notas individuales disponibles sobre cualquier tipo de acorde.

- Inmediatamente vea lugares para comenzar una línea que no sea la raíz del acorde.

Ahora subiremos la apuesta una vez más. En lugar de tocar a TODO un conjunto de cambios en una posición, ¡establezcamos un intervalo regular en el que cambiemos las inversiones! ¡También podemos decidir cambiar las inversiones en cada barra! Cuanto más se fuerce a sí mismo a cambiar de marcha (mentalmente), más probará su internalización del concepto y su aplicación en el instrumento.

Aquí está la misma melodía, cambiando las inversiones cada cuatro compases.

Beautiful Love
(Shifting Inversions)

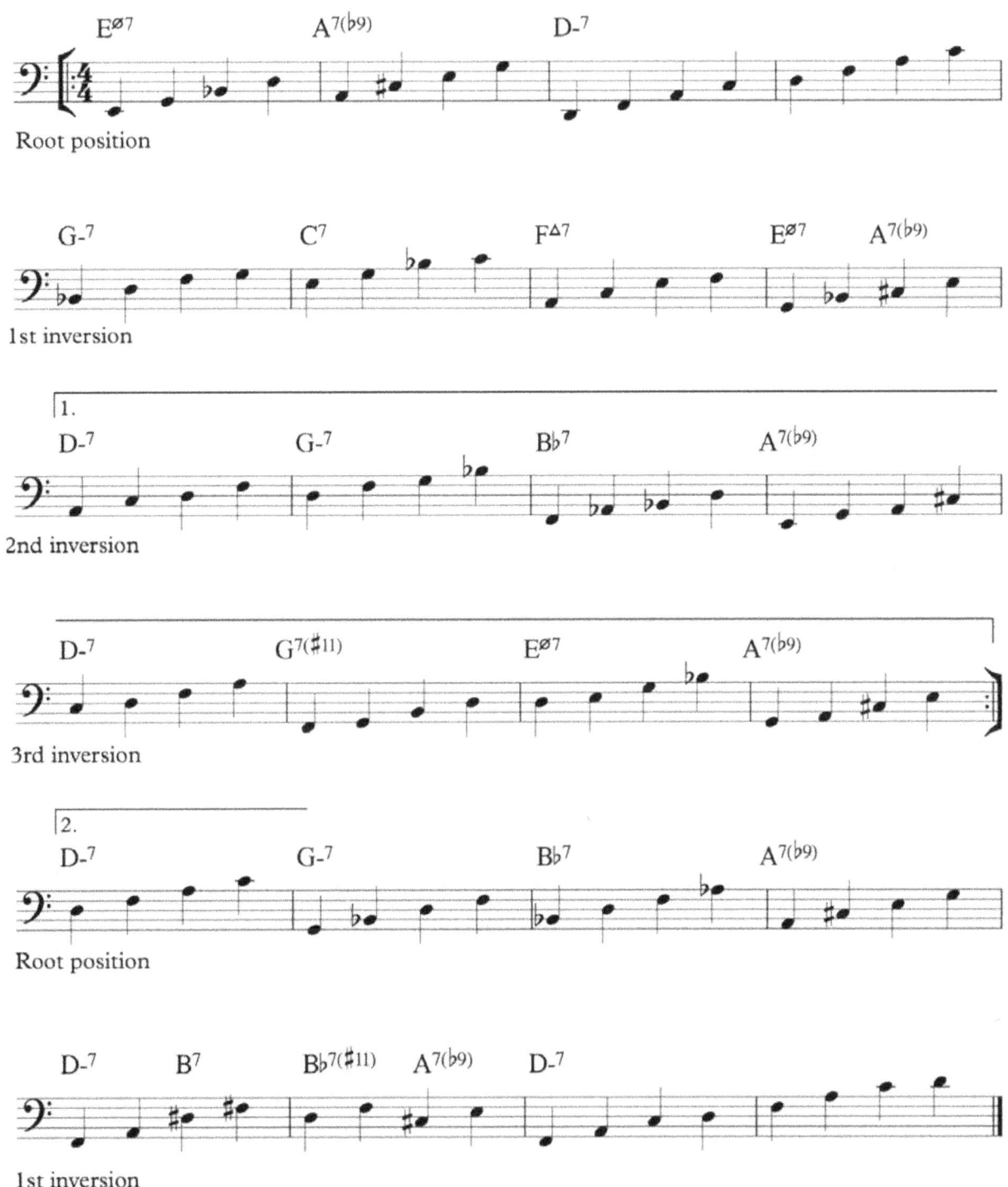

Page 42

Aquí hay un ejercicio que usa inversiones y voz principal a través de cambios. Básicamente, la voz principal es una técnica en la que mueve una voz (nota) lo menos posible a través de los cambios de acordes. Cuando la voz dirige una melodía, la nota no se moverá en absoluto o no se moverá más de un paso completo, según sea apropiado para los cambios de acordes.

Aquí, tocaremos arpegios pero guiaremos por voz a la siguiente nota disponible cuando ocurra cada cambio de acorde. Este comienza a sonar un poco más musical para mis oídos, y es el siguiente paso para ver las notas disponibles, NO en lo que respecta a la raíz del acorde, sino de nuestra nota actual.

Una gran parte de lo que estamos trabajando aquí es la capacidad de ver la línea armónica cambiante. Siempre debemos ser conscientes de dónde estamos y hacia dónde vamos. Como bajistas, tendremos a saltar mentalmente de raíz a raíz. Lentamente vamos a tratar de romper este hábito cuando improvisamos.

Nuestro objetivo final es poder ver cada nota en la escala de acordes disponible tan claramente como podemos ver la raíz del acorde. Así es como podemos comenzar a improvisar de una manera más melódica y menos como "bajistas".

Para este ejercicio, utilizaremos los siguientes criterios:

- Comience con cualquier inversión que desee

- En el cambio de acorde, toque el tono de acorde más cercano a su nota actual

- Toca la inversión adecuada para esa nota

- Si se puede usar la misma nota, comience con esa inversión

Notará que también he desplazado algunas de las octavas. No hay ninguna razón por la que no pueda cambiar las octavas, y esto es algo que nos veremos obligados a hacer en ejercicios posteriores. De hecho, es bueno no quedarse atascado en ningún patrón (como un arpegio) usando solo una forma y en una dirección en el diapasón.

Aquí hay un ejemplo más usando "Beautiful Love".

Beautiful Love
(Voice-led Inversions)

Admito que en la barra 8 del último ejemplo, pasé de un B ♭ a un C # en lugar de mover un medio paso hacia la A. Simplemente me gustó la forma en que sonaba. De nuevo, esto es música. ¡Diviértase con eso!

Aquí hay un último ejercicio que usa solo tonos de acordes primarios y un conjunto de cambios de acordes. Ahora, en lugar de preocuparnos desde que inversión tocaremos, simplemente asignaremos un tono de acorde a cada compás en la barra del compás y tocaremos los cambios. Esto es especialmente complicado con las melodías de bebop, que a menudo contienen múltiples acordes por compás. **Aunque esto se puede hacer con cualquier tono de la escala,** usemos nuestros tonos de acordes principales por ahora. Para el siguiente ejercicio, elija una nueva melodía con más acordes por compás y use una asignación de notas de posición de raíz (¡aunque se recomiendan todas las inversiones!).

Tiempo 1 = Raiz
Tiempo 2 = 3ra
Tiempo 3 = 5ta
Tiempo 4 = 7ma

Echemos un vistazo a los "**Giant Steps**" de John Coltrane, una melodía notoriamente difícil de tocar en solitario.

Una cosa que notará cuando comience a hacer esto con diferentes melodías es que, cuando se encuentra con una progresión de ii-V, las notas son las mismas (cuando toca 1 3 de ii-7 y 5 7 de V7) Son realizaciones como esta las que ayudan a ilustrar cómo este tipo de trabajo puede conducir a una ruta más visible a través de los cambios. Podemos tratar cada acorde como una ligera variación de la última en lugar de una tonalidad completamente nueva. A medida que avancemos y comencemos a considerar la escala de acordes completa para nuestros ejercicios de armónicos, serán ejercicios como este los que realmente pueden ayudarnos a superar nuestros límites.

Solo imagine utilizar patrones como 2 5 6 7 a través de cambios como ese. Vaya, eso no es una mala idea ... ¡Así es como se ve!

Ahora, una cosa es resolverlo en papel y escribirlo (o leerlo de un libro), pero se necesita un nuevo nivel de internalización para:

- Elegir una melodía
- Elegir un patrón
- Tocar ese patrón a través de los cambios a tiempo

Como sin duda está comenzando a ver, con solo un conjunto de cambios de acordes y los tonos de acordes primarios, podemos construir un mundo de ejercicios armónicos para nosotros mismos que pondrán a prueba nuestra capacidad de pensar a través de los cambios y navegar nuestro instrumento.

Le sugiero que internalice las últimas páginas antes de sumergirse demasiado en lo que sigue. Cada paso de este proceso podría llevar bastante tiempo antes de ser realmente internalizado. Si bien estoy dispuesto a avanzar para ver lo que viene después, tampoco quiero que nadie se confunda. Si no está seguro de lo que está haciendo, dé un paso atrás y asegúrese de comprender realmente los pasos anteriores.

Ahora que hemos hablado sobre el uso de todas las inversiones a través de los cambios para acostumbrarse a pasar por los cambios de forma periódica, comencemos a incorporar algo de esa teoría de escala de acordes.

Acordes-escala, arpegios y numeración de tonos de acordes

Es posible que haya oído hablar de "tensiones", "extensiones" o "tríadas de estructura superior". Todos estos términos se refieren a las notas entre los tonos de acordes primarios, esto es, los grados 2do, 4to y 6to de la escala.

También puede darse cuenta de que las personas siempre se refieren a los números superiores al 7 cuando hablan de tensiones (9 11 y 13). Significa el segundo, cuarto y sexto grados de la escala. La razón de esto es simple. Sabemos que los acordes se construyen en tercios. Esto significa que, para incluir todas las notas de la escala, tenemos que tocarla en 2 octavas. De esta manera:

Ahora, si presentamos la misma escala de dos octavas en 3 rds (a medida que se construyen los acordes), obtenemos esto:

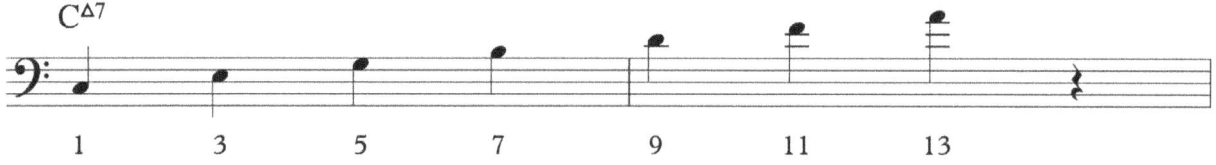

Un poco de matemática rápida: si alguna vez usted ve una tensión en un símbolo de acorde, simplemente reste 7 (el número de notas en una escala) y obtendrá el tono de escala adecuado

9 = Segundo grado de escala
11 = cuarto grado de escala
13 = sexto grado de escala

Las notas entre los tonos de acordes primarios sirven para alterar aún más el sonido del acorde, a menudo haciéndolo un poco más expresivo. No necesariamente cambian la función del acorde, pero sí cambian el color del acorde; al igual que la voz del acorde o el orden y la colocación de notas en su acorde.

Cuando construimos nuestra escala pensando en tonos de acordes y tensiones disponibles, esto es lo que se conoce como la **construcción de acordes-escala**.

Recuerde:

Nota de acordes + tensiones disponibles = acordes-escala

En lugar de elegir cualquier escala o modo para usar sobre un tipo de acorde dado, considere las tensiones disponibles o enumeradas. Una vez que adquiera experiencia tocando sobre los cambios y entienda cómo suenan las diferentes escalas, inevitablemente comenzará a experimentar con diferentes modos sobre los cambios. Esto puede cambiar las "extensiones" que está empleando (en otras palabras, puede comenzar a usar naturalmente varias tensiones al construir sus propias escalas de acordes). Tendrá que usar su oído como guía. Hay muchas reglas dadas en los textos sobre qué tensiones ocurren "naturalmente" sobre los tipos de acordes dados.
Por ejemplo, la 4ta natural (también conocido como la 11) se considera una "nota a evitar" sobre un acorde mayor de 7, a pesar de que ocurre naturalmente en la escala mayor. Esto se debe a que hace que el acorde suene suspendido (un 4to acorde suspendido, que verá en un gráfico como sus4, usa un 4 natural en lugar del 3er). Esto también hace que el acorde suene un poco vago. En lugar de usar el 4to natural, la mayoría de los músicos improvisadores usarán un 4to aumentada en un acorde mayor de 7 cuando estén solos. Quizás recuerde que una escala mayor con un 4to elevado es el modo lidio. Esto significa que, para muchas personas, la mayor parte del tiempo, usaría la escala de Lidia para improvisar sobre un acorde mayor de 7, ya que el #11 se considera una tensión disponible.

Como dije antes, sin embargo, cualquier nota puede funcionar. Es una cuestión de fraseo y resolución. En una situación de la vida real, puedo elegir usar un 4 natural para resolver hasta el 3er. También puedo elegir un # 4 para resolver hasta el 5to. Este es solo un ejemplo de por qué es mejor no obsesionarse con usar solo una escala por tipo de acorde. ¡Tenga en cuenta que siempre hay opciones y alternativas a cualquier regla!

Antes de continuar, aquí hay algunos pensamientos: lo mejor es descubrir mucho de esto en el cobertizo antes de simplemente "volar" en un concierto, pero también creo que el mejor aprendizaje ocurre en el escenario. Tome notas mentales de lo que funciona y lo que no funciona para SUS OÍDOS y luego explore más sus opciones armónicas cuando regrese a casa. También le animo a que pregunte a otros músicos qué tocan, por qué ciertas escalas funcionan mejor que otras, y así sucesivamente.

Hay muchos libros escritos sobre teoría del jazz que incluyen la teoría de la escala de acordes y por qué ciertas escalas deberían usarse sobre ciertos tipos de acordes y mucho, mucho más. Uno de esos libros en los que confío es **The Jazz Theory Book** de Mark Levine, que es una inversión digna para cualquier estudiante serio de jazz.

No me importan mucho las reglas cuando se trata de música. Creo que debe dejar que sus oídos sean los jueces, pero MUCHO se puede aprender explorando lo que otros han hecho antes.

Hay buenas razones por las cuales la teoría de la música se ha desarrollado como lo ha hecho, pero gran parte de ella también se basa en una cierta estética musical que usted puede compartir o no. Explore la tonalidad y las relaciones escalares con los tipos de acordes: lo convertirá en un mejor ejecutante. Amplíe su capacidad de escuchar música y relaciones tonales más complejas.

Un pensamiento más: gran parte de lo que se ha escrito sobre improvisación de jazz ha sido escrito por pianistas, guitarristas y trompetistas. Hay una cosa importante que todos estos instrumentos tienen en común: tienen un registro mucho más alto que el bajo. He llegado a creer que debido a que el rango de nuestro instrumento nos coloca en el rango de "armonía fundamental" de las frecuencias musicales, algunos de los dispositivos armónicos empleados por estos músicos simplemente no funcionan tan bien en el bajo.

Este es un experimento:
- Toque su cuerda E baja y deje que suene
- Ahora toque un F # contra ella lo más bajo que pueda (por ejemplo ... el cuarto traste en la cuerda D) mientras deje pasar la E. Suena un poco turbio, ¿verdad?
- Ahora toque esa cuerda E abierta, pero toque la F # más alta en su instrumento contra ella. Está empezando a sonar un poco más melódico, ¿verdad?

Cuando se emplean dispositivos armónicos en un bajo, es importante considerar el registro. Lo que suena como una mala nota en los primeros cinco trastes puede sonar mucho más melódicamente viable si se toca en lo alto del diapasón. Esto, para mis oídos, es la razón por la cual ciertas escalas suenan menos funcionales en un bajo que en una trompeta, por ejemplo (sin sonar demasiado "fuera de los cambios" para mi oído).

No pase toda la vida tratando de usar una escala que crea que suena mal sobre cualquier tipo de acorde dado simplemente porque alguien le dijo que eso era lo que tenía que hacer. Además, no sea perezoso: pruébelo, pero si no resuena usted, busque otras alternativas. La clave es explorar el sonido sobre una variedad de cambios de acordes para que pueda aprender mejor cómo navegarlos de una manera que resuene armónicamente.

También podría decirse que simplemente no tengo oído para algunos de esos dispositivos armónicos por varias razones. Es probable que esto también sea cierto, pero he decidido por mí mismo que ciertas escalas y modos utilizados de cierta manera no me suenan bien en el bajo (incluso cuando toco mi 6 cuerdas). Esta es mi prerrogativa, pero también significa que tengo que encontrar mi propio camino. En otras palabras, como no me gusta el sonido de A, tengo que encontrar lo que funciona para mí y usar B en su lugar.

Por ejemplo, seguiré encontrando acordes disminuidos, y si no me gusta el sonido de la escala entera / mitad disminuida, necesitaré hacer más exploración y encontrar una escala que tenga sentido y suene bien para mis oídos. Tal vez esto significa que mis solos suenan más "adentro" que el trompetista a mi lado, pero eso es porque creo que dentro funcionó mejor para mí sobre esos cambios y en mi instrumento. Dicho esto, nunca dejaré de esforzarme por internalizar mejor las nuevas escalas y dispositivos armónicos y luchar por encontrar una manera de usar mejor la armonía basada en la escala menor melódica, que nunca me ha resonado en el bajo. Un día, espero abrir una mina de oro de contenido armónico que use esos modos, porque solo puede servir para aumentar la profundidad de mi paleta armónica. Constantemente trato de aprender a usar mejor lo que sé ahora mientras presiono para expandir qué es lo que sabré mañana. Creo que esta es mi clave para la evolución como músico.

¡Profundicemos en algunas escalas de acordes!

Al determinar qué escala de acordes usaré sobre un tipo de acorde, me resulta más fácil usar la lógica primero y luego determinar si ese sonido realmente funciona para mí. En otras palabras, hasta que haya decidido qué escalas de acordes prefiere sobre cualquier tipo de acorde, primero comience por:

- Determinar el tipo de acorde primario (menor, mayor, dominante, etc. ...)

- Usar tensiones anotadas para determinar qué otros tonos de escala usará (# 9, # 11, ♭ 13, etc.)

- Usar su oído para decidir cuáles deberían ser los tonos de escala no listados

Al principio, esto puede parecer MUCHO para masticar. Honestamente, vale la pena estudiar toda la vida. No se preocupe por lo que aún no comprende o ha internalizado. Lo importante es aprender estas cosas, un acorde, una escala o un arpegio a la vez.

¿El mayor error que veo que hacen los músicos? Se abruman por la montaña de información. No perciba la montaña como demasiado alta y deje de dar el primer paso. El truco es abordar todo esto en poco a poco. Si quiere ser el tipo de músico que puede improvisar sobre los cambios o simplemente entender mejor la armonía, debe explorar estas cosas. Y no tiene que entenderlo TODO para ser un buen músico. Ni siquiera necesita comprender la mayor parte para ser un buen músico, pero cada parte que comience a aprender le ayudará a comprender mejor la música. Incluso si tiene oídos fantásticos y puede escuchar los cambios, explorar estas cosas le dará otra forma de explorar la armonía y la melodía. Es inevitable que el estudio de la armonía y cómo aplicar este tipo de teoría musical, le convierta en un mejor músico de alguna manera tangible.

Suponiendo que continúe tocando música durante toda su vida, también podría trabajar en estas cosas cuando practique. Si va a practicar de todos modos, ¿por qué no al menos explorar esta avenida un poco? Le sorprenderá cómo cada aspecto que aprenda, abrirá posibilidades armónicas para usted, el músico.

En resumen, si se toma en serio la improvisación y es una de esas personas a las que les encantan ver en YouTube canciones de jazz o fusión, siga trabajando en estas cosas. Es lo que le ayudará a llegar allí.

Aquí hay algunos cuadros de referencia con respecto a los tipos de acordes y escalas de acordes:

Opciones escalares para tipos de acordes específicos		
ACORDE	OPCIONES ESCALARES	EN MI OPINIÓN
Δ7	Jónica, Lydia	La jónica es la opción obvia, pero como la nota 11 natural es una "nota a evitar", este acorde se expresa con un #11 en el contexto del jazz.
Dominante 7	Mixolydia	Cuando toco un solo, a menudo uso la Eólica desde el quinto del acorde. Esto nos da un ♭3, lo que la hace sonar un poco triste (y me aleja de la raíz).
-7	Dórica	La dórica se usa típicamente en el contexto del jazz debido a los 13 naturales utilizados en las voces comunes de ii-V. También puedes tocar la eólica desde la 5 para mantener un patrón menor, mantenerse alejado de la raíz y aún usar la tonalidad Dórica.
ø7	Media disminuida (6to modo Melódico menor) Locria (7mo modo escala mayor)	El sexto modo melódico menor nos da una 9 natural en un acorde medio oscuro. El modo Locria nos da un ♭9. Personalmente, creo que el ♭9 generalmente suena mejor en el bajo.
°7	Disminuida I (Tono-½ Tono)	A veces trataré la raíz del acorde disminuido como ♭9 o un acorde alterado. (i.e: C°7 = B7♭9)
Sus4	Mixolydia	Cuando toco solos, a veces tocaré una menor desde la 5ta o mayor desde la 4ta.
Dominantes Alteradas	Superlocria (7mo modo Melódica menor) Diminuída (½ Tono - Tono)	Dependiendo de como esté escrito el acorde, usaré la escala superlocria, la Mixolydia (♭9, ♭13) o la disminuida (½ Tono- Tono)
Δ7(#11)	Lydia	
-7(♭6)	Eólica	
-(Δ7)	Armónica menor Melódica menor	Ambas son consideradas "correctas".
7(#11)	Lydia Dominante (4to modo de la melódica menor)	Mixolydia con un #4

Estructura de la escala:			
Acorde	Acordes en 3ros con las tensiones disponibles	Escala-Acorde	Notas y pensamientos
Δ7	1 3 5 7 9 #11 13	1 2 3 #4 5 6 7	La Jónica es la elección obvia, pero la natural 11 es una "nota a evitar", por lo que en jazz, este acorde será tocado con #11
Dominante 7	1 3 5 b7 9 11 13	1 2 3 4 5 6 b7	Mixolydia
-7	1 b3 5 b7 9 11 13	1 2 b3 4 5 6 b7	Dórica es la escala preferida para el acorde -7
ø7	1 b3 b5 b7 b9 9 11 b13	1 b2 2 b3 4 b5 b6 b7	Un acorde medio-disminuído puede tener un b o una natural 9. Prefiero el sonido de un b9 y rara vez usaré un natural 9.
°7	1 b3 b5 #5 7 9 11 b13 13	1 2 b3 4 b5 #5 6 7	Disminuída (Tono-½ Tono)
Sus4	1 b3 3 5 b7 9 11 13	1 2 b3 3 4 5 6 b7	Ambos 3ros mayores y menores funcionarán sobre un acorde sus4 porque el 3ro es indefinido en el acorde actual (es reemplazado por el 4to).
Alterado Dominante	1 3 b5 b7 b9 #9 b13 1 3 5 b7 b9 11 b13	1 b2 #2 3 b5 b6 b7 1 b2 3 4 5 b6 b7	Hay varias escalas opcionales para acordes alterados Hablaremos de algunas de las opciones lógicas en la porción de improvisación en este libro. Como el símbolo del acorde está marcado nos dirá a menudo exactamente lo que tendremos que saber cuando decidamos el acorde-escala adecuado.
Δ7(#11)	1 3 5 7 9 #11 13	1 2 3 #4 5 6 7	Lydia
-7(b6)	1 b3 5 b7 9 11 13	1 2 b3 4 5 b6 b7	Pura menor (Eólica)
-(Δ7)	1 b3 5 7 9 11 b13 1 b3 5 7 9 11 13	1 2 b3 4 5 b6 7 1 2 b3 4 5 6 7	Ya que el acorde no especifica la cualidad del 6to grado, usted puede usar tanto la melódica o la armónica menor en un acorde -(Δ7).
Dominante 7(#11)	1 3 5 b7 9 #11 13	1 2 3 #4 5 6 b7	Lydia dominante (Mixolydia, #4)

En este momento, debería comenzar a sentirse cómodo con el concepto de elegir un patrón melódico (como un arpegio) y aplicarlo a un conjunto de cambios de acordes (estándar de jazz). Hasta ahora, solo hemos utilizado los tonos de acordes primarios. Si bien esto nos da una base sólida desde la cual trabajar, es solo una parte de la imagen.

Como mencioné anteriormente, los tonos no acordes (extensiones, también conocidas como armonía de estructura superior) son donde se encuentra gran parte del oro armónico. Son las notas que realmente proporcionan la estética del acorde, más allá de la función. También se les conoce como "tonos de color" porque esa es, en esencia, su función: colorear el acorde más allá de un sonido estándar 1 3 5 7. Esto se aplica especialmente a los instrumentos de compilación cordal como el piano, pero también puede llevarnos a aguas más interesantes para beber (armónicamente hablando) cuando improvisamos, tocamos o incluso en nuestras líneas de bajo.

Para comprender algo más rápidamente, prefiero construir sobre lo que sé y con lo que me siento cómodo. Con esto en mente, utilizaré los ejercicios anteriores, con ligeras alteraciones, como nuestro punto de partida. Principalmente, jugando en 3ros extendidos más allá de las inversiones.

Una vez que me sentí cómodo con mis inversiones de tonos de acordes principales, se me ocurrió que no había necesidad de interrumpir el flujo de 3eras, como en 3 5 7 1: ¿Por qué molestarse con el paso a la raíz en la parte superior cuando estoy tocando un patrón interválico que normalmente me llevaría a otra nota? Esto me llevó a nuestro primer ejercicio, que es simplemente tocar un arpegio de 4 notas desde el 3 de cada acorde, lo que nos lleva a terminar en el 9 (3 5 7 9).

El siguiente ejemplo es la melodía "Stella by Starlight", que tiene algunos cambios maravillosos para ejercicios armónicos.

"Stella by Starlight"
Arpegios de 4 notas desde la 3ra
(3 5 7 9)

Stella by Starlight
(3 5 7 9)

NOTA: Muchos de estos ejercicios pueden sonar un poco tensos si se tocan en el registro inferior. Puede tener una mejor idea de las posibilidades melódicas si las toca en el registro superior de su instrumento. Esto es especialmente cierto si está tocando estos ejercicios contra una pista de acompañamiento o con una grabación. Si no está utilizando una pista de acompañamiento, será difícil discernir la armonía y cómo estamos jugando contra ella, especialmente a medida que avanzamos.

¡Le recomiendo usar pistas de acompañamiento o cambios de acordes de acompañamiento!

Presentaré los siguientes ejemplos en su orden lógico:

5 7 9 11
7 9 11 13
9 11 13 Raíz

Cuando comenzamos a arpegiar a partir de estos tonos de acordes, con los que ya nos sentimos cómodos, podemos comenzar a explorar esa armonía de la estructura superior. ¡Especialmente me gustan los arpegios de cuatro notas de la 7 o de la 9, ya que hacen uso de toda la tríada de estructura superior! Mire los siguientes ejemplos.

Pruebe estos ejercicios a través de diferentes estándares de jazz. No creo que alguna vez deje de ejecutar estos ejercicios. Esta es realmente una tarea para la vida que finalmente se puede aplicar a cientos de canciones.

A medida que comience este ejercicio con melodías de su elección y se familiarice con las escalas de acordes alternativos a su disposición, se dará cuenta de que tiene opciones, por ejemplo, ¿utilizará la escala menor para acordes -7, o elegirá la dórica (que es más común cuando se reproducen progresiones II-V7)? ¿Tocará la mayor o la Lydia para acordes Δ7?

Aquí está la lista de tipos de acordes en "Stella by Starlight" y la escala de acordes que elegí para cada uno:

Tipo de acorde	Escala	
Δ7	Lydia	Cuarto modo de la escala mayor
Δ7 (#11)	Lydia	Cuarto modo de la escala mayor
7	Mixolydia	Quinto modo de la escala mayor
7 (♭9)	Mixolydia (♭2, ♭6)	Quinto modo de la armónica menor
7(#11)	Lydia Dominante	Cuarto modo de la melódica menor
-7	Dórica	Segundo modo de la escala mayor
ø7	Locria	Séptimo modo de la escala mayor

Stella by Starlight
(5 7 9 11)

Stella by Starlight
(9 11 13 R)

Tenga en cuenta que si bien algunos de estas pueden sonar un poco tensas, también se está familiarizando con una colección de notas mucho más robusta que usted puede usar.

Desarrollará preferencias cuando se trata de qué escala de acordes prefiere sobre un tipo de acorde dado. Al final se trata de su propio oído y de la facilidad con la que puede escuchar ciertos tipos de armonía. Todos tienen un rango de cuanto pueden tocar "fuera" de los límites de lo que suena bien. Es cierto que no he tocado y amado el jazz toda mi vida: evolucioné en virtud de cómo practicaba, combinado con mi propensión a tomar conciertos desafiantes que empujaron mis habilidades y me ayudaron a ver mis limitaciones en mi instrumento.

Este es un conjunto ejercicios de arpegios de 4 notas. A estas alturas, debería estar más o menos cómodo tocando arpegios con cualquiera de los tonos de los acordes primarios. También debería sentirse más o menos cómodo con tonos que no son acordes (como se deriva de la escala de acordes elegida). Este ejercicio realmente le empujará a pensar rapidez. Tómese el TIEMPO que necesite (tan lento como sea necesario para tocarlos correctamente). Si lo necesita, puede comenzar en 60 bpm y aumentar la velocidad mediante la repetición. En última instancia, desea poder tocar a través de ejercicios como este a 120 bpm más o menos. Siempre me esfuerzo por intentar tocar un ejercicio al ritmo original de la melodía.

Usemos "Stella by Starlight" nuevamente para este ejemplo. Esta vez, volveremos a nuestra idea de "cambiar las inversiones cada 4 compases", pero en lugar de las inversiones, comenzaremos con arpegios de 4 notas de cada grado de la escala de acordes.

Las cuatro primeras barras	=	Arpegio de cuatro notas desde la raíz
Las segundas cuatro barras	=	Arpegio de cuatro notas desde la 9
Las terceras cuatro barras	=	Arpegio de cuatro notas desde la 3
Las cuartas cuatro barras	=	Arpegio de cuatro notas desde la 11
Las quintas cuatro barras	=	Arpegio de cuatro notas desde la 5
Las sextas cuatro barras	=	Arpegio de cuatro notas desde la 13
Las séptimas cuatro barras	=	Arpegio de cuatro notas desde la 7

... y luego de vuelta a la raíz. Si continúa ciclando la melodía una y otra vez, eventualmente reproducirá cada "inversión" en cada sistema. **Un "sistema" es el término musical para una línea de música en una página.**

Stella by Starlight
(Full Chord-Scale Arpeggios)

Al igual que con la variación anterior de este concepto de ejercicios, podemos cambiar las inversiones con la frecuencia que queramos. Si lo desea, intente cambiar las inversiones cada barra o dos.

Aquí hay una variación similar en la que empleamos el concepto de voz principal para elegir nuestro próximo arpegio. Donde anteriormente, nos habíamos movido al siguiente tono de acorde primario disponible, ahora simplemente pasaremos al siguiente tono de escala de acordes disponible.

Anteriormente, cuando se nos presentaba la opción, elegimos usar la misma nota para nuestro próximo acorde. Cambiemos un poco y obliguémonos a movernos con cada cambio de acorde, independientemente de si nuestra nota actual se aplica o no a esa escala de acordes. ¡Siga hacia adelante! Sin embargo, separaremos nuestras octavas para no simplemente subir por el cuello hasta el infinito.

A medida que estas cosas están más arraigadas en nuestras cabezas, dedos, orejas y en nuestra técnica general, las formas solo se convierten en una pequeña parte de la ecuación. Sin embargo, puede ser una herramienta útil. Una gran parte de la razón por la que me obligo a cambiar de posición y me restrinjo a ciertas partes del diapasón es que estas son excelentes maneras de evolucionar más allá de solo tocar formas o expandir mi percepción de esas formas.

Profundizaremos en la aplicación de gran parte de esto en la sección sobre improvisación, pero prefiero darle todas las herramientas que necesitará primero. Puede ser un poco confuso tratar de aplicar estos conceptos antes de poder aplicarlos primero. Cuanto menos tengamos que pensar en estas cosas mientras lo hacemos, más podremos poner nuestras mentes en declaraciones melódicas y otros conceptos de improvisación.

Aquí hay una versión con voz principal de "Stella by Starlight" que usa arpegios de 4 notas de toda la escala de acordes.

Stella by Starlight
(Voice-led, Full Chord-Scale Arpeggios)

Hay múltiples formas (en mi humilde estimación) para realmente internalizar estos enfoques y aplicarlos al diapasón. Aquí hay un par de pasos cruciales que te ayudarán a tomar estos conceptos y aplicarlos TOTALMENTE al diapasón.

• Trabaje hasta que comprenda el concepto y pueda "hacer los cálculos" con respecto a la elección de notas
• Oblíguese a aplicar todos estos ejercicios al diapasón de una manera siempre cambiante.

Al principio, no me preocupa la posición del diapasón. Solo quiero tratar de hacer el ejercicio en mi cabeza e intentar tocarlo correctamente a través de una multitud de melodías. El siguiente paso es restringir su rango de diapasón. Esto ayuda a asegurar que no se quede atrapado en los patrones, pero que realmente pueda aplicar el conocimiento en cualquier parte del diapasón, en cualquier dirección y en cualquier posición.

Aquí hay una lista de formas de probar y aplicar todos y cada uno de los ejercicios anteriores, así como cualquiera de los siguientes. Esto es duro. ¡No se desanime! Trabaje lentamente y metódicamente.

• **Siga la posición de la mano "un dedo por traste".** Para tener las 12 notas disponibles en una posición (en un bajo de 4 cuerdas), necesitamos cinco trastes, por lo que tendremos que hacer un poco de trampa. Permítase usar su dedo índice para agarrar una nota a la derecha de su posición o use el dedo índice para agarra la nota de la izquierda, pero, como sea posible, manténgase en una posición de 4 trastes con tu mano izquierda.
• **Acérquese a cada ejercicio en los trastes 1-4 con cuerdas abiertas.** (Esto le da tu lapso de cinco trastes)
• **Haga los mismos ejercicios en trastes 5-9.**
• **Haz los mismos ejercicios en trastes 10-13.**

Ahora, cambie otra vez:

• **Haga los mismos ejercicios en cualquier traste pero solo use dos cuerdas de su elección (E y A, por ejemplo).**
• **Haga los mismos ejercicios en dos cuerdas diferentes (D y G, por ejemplo).**
• **Haga los mismos ejercicios en un conjunto más de cadenas para los ejercicios (es decir, E y G o A y D).**

Este es el tipo de conciencia de diapasón que conduce a la navegación sin esfuerzo de su diapasón. Cuando estamos aprendiendo nuevos patrones melódicos, la tendencia natural es tocarlos donde nos sentimos más cómodos en el diapasón. Esto es 100% correcto al comprender los aspectos básicos de un ejercicio, pero es limitante si nunca evolucionamos a partir de ahí. **¡Asegúrese de mover las cosas por el diapasón!**

La siguiente es una guía rápida para arpegiar desde el 9. En mi opinión, este es uno de los arpegios más importantes para tener en tu cabeza, aparte de la posición de la raíz y las inversiones de tono de acordes primarios. El arpegio de 4 notas del 9 es una tríada de estructura superior con la raíz en la parte superior. Si tiene los arpegios de tono de acordes primarios arraigados firmemente en sus dedos y luego domina el arpegio desde el 9, tiene toda la escala de acordes a su alcance (hablando arpegéticamente).

Arpegios desde el 9

Tipe de acorde	Tipo de forma de arpegio
Δ7	7
7	-7
-7	-7
Alterado	Δ7
ø7 (con una natural 9)	ø7 desde una natural 9
ø7 (con una ♭9)	Δ7 desde ♭9

Este cuadro es para aquellos de ustedes que tienden a internalizar las cosas visualmente al principio, como lo hago yo. Los patrones pueden ser muy útiles al internalizar contenido melódico. Para aquellos que ven formas en el diapasón, los patrones pueden ayudar a facilitar la memoria muscular.

Dos ejercicios finales de tono de acorde

Nuestro primer ejercicio es tocar una escala de acordes completa en un arpegio largo (1 3 5 7 9 11 13 8, más de dos octavas). Este concepto es bastante fácil de entender, pero realmente desafía su conocimiento inmediato de los tonos de escala apropiados para cada tipo de acorde.
Toque esto LENTAMENTE sobre los cambios. Tómese su tiempo y aumente la velocidad, según lo considere necesario.

Para el segundo ejemplo, tocaremos toda la escala de acordes en 3ros (arpegiados) en una posición (dentro de una octava). En otras palabras, toque 1 3 5 7 en una octava y luego baje nuevamente al 9 y juegue 9 11 13. Esto se verá como una escala en una octava pero realmente está jugando 1 3 5 7 2 4 6 8. ¡Tenga en cuenta sus escalas de acordes y use las tensiones apropiadas, por supuesto!

Con eso en mente, pasemos a la siguiente sección: **¡Acordes!**

Stella by Starlight
Full Chord Scale Arpeggiated, 2 octaves (1st 8 bars)

1 b3 b5 b7 b9 11 b13 R

Stella by Starlight
Full Chord Scale Arpeggiated, 1 octave (2nd 8 bars)

1 3 5 7 9 #11 13 R

With that in mind, let's move on to the next section:
Chords!

VII   Construcción de Forma

Si alguna vez planea ser el tipo de bajista que realmente usa acordes en el concierto, son bastante Una ventaja de internalizar sus formas de acordes es el simple hecho de que está trabajando con más de una nota a la vez y, por lo tanto, internalizando más de una nota a la vez. Las formas de acordes también pueden proporcionar un buen "contorno" para frasear o hacer corridas melódicas. Simplemente el esbozar formas de acordes es, en sí mismo, un dispositivo armónico que puede sonar bastante bien. Mi método para trabajar con formas de acordes es exactamente el mismo que para trabajar con arpegios.

- Internalice una forma de posición de raíz.
- Trabaje todas las inversiones, una por una.
- Explore formas y voces alternativas.
- Trabajarlos todos en diferentes posiciones del diapasón.
- Utilice la voz principal para explorar más las relaciones y las innumerables formas en que podemos conectar los cambios de acordes.

Ahora, como ya estamos familiarizados con nuestras escalas de acordes, debería ser pan comido construir un acorde o dos, ¿verdad? Pues sí y no. Teniendo en cuenta el alcance de nuestro instrumento, algunos acordes sonarán mejor que otros. Además, cuanto más bajo esté en el diapasón, más simple debería ser tu voz (¿recuerda lo que dije sobre las frecuencias más bajas y las cosas que suenan fangosas frente a las que suenan melódicas en lo alto del diapasón?). Esto es completamente subjetivo, por supuesto, tendrá que explorarlo por sí mismo y jugar con su propia estética..

La siguiente es una colección grande (pero no exhaustiva) de posibles formas de acordes en bajos de 4, 5 y 6 cuerdas. Como la tercero y la séptimo son las notas que constituyen la base de la calidad del acorde, la mayoría de mis formas giran en torno a la raíz, la tercera y la séptima. No me molesto tanto con el quinto a menos que esté alterado en el tipo de acorde (♭ 5 o # 5). Esto se debe a que, en la mayoría de los casos, encuentro que menos es más con respecto al número de voces que se tocan a la vez en un bajo. Eso no quiere decir que no pueda o no deba tocar el quinto o usar voces con cuatro o incluso cinco notas (¿pulgar?), Pero comenzaría simplemente y me expandiría desde allí.

También explorará algunas formas de posición de raíz a través de cambios, así como usando inversiones y la voz principal (¡mi ejercicio favorito!) Pero, primero ...
¡Aquí hay un montón de formas de acordes para que comience! También enumeré mis formas más utilizadas cerca del final. No piense que tienes que memorizar cada uno de estos. Simplemente explóralos y elija al menos una forma que le guste para cada tipo de acorde para que comience mientras comienza a practicarlos a través de las melodías.

VII — Tablas de Referencia de los Acordes Forma

Los he organizado por intervalos de cadena (3, 4, 5, 6). No toque todas las cuerdas, sino las notas en forma de acorde.

3 String Chord Shapes

Major

Standard Maj shape

5			
		3	
			R

Standard Maj7 shape

			7
3			
	R		

Standard Maj6 shape

		6	
		3	
		R	

Δ from 3rd

R			
5			
			3

Δ from 5th

	3		
		1	
		5	

Δ7 from 5th

	3		
	7		
		5	

Δ7 from 7th

			R
3			
7			

Δ7 from 7th

5			
		3	
		7	

Δ7(#11)

Δ7(#11)

		7	
	#11		
R			

From 9th

7			
#11			
		9	

From 3rd

	R		
#11			
			3

From #11

3			
7			
#11			

From #11

3			
	R		
#11			

From 5th

		#11	
R			
	5		

From 5th

		#11	
7			
	5		

From 7th

			R
		#11	
7			

Δ7(#11)

5			
		#11	
		R	

From 9th

		R	
#11			
		9	

Dominant

Standard Dom shape

		b7	
	3		
		R	

From 3rd

R			
			b7
		3	

7(9) from 3rd

	9		
		b7	
	3		

From 5th

	3		
b7			
		5	

VII — Tablas de Referencia de los Acordes Forma

7(b9) from 3rd
b9			
		b7	
	3		

7(#9) from 3rd
		#9	
		b7	
	3		

7(#5) from b7th
	#5		
		3	
	b7		

13 from b7th
		13	
		3	
	b7		

Various minor Chords

Standard min shape
		b7	
b3			
		R	

From b3rd
	R		
	5		
		b3	

From 5th
b3			
b7			
		5	

From 5th
b3			
		R	
		5	

From b7th
	5		
	b3		
	b7		

-6 from 6th
	5		
	b3		
	6		

-9(b6) from b3rd
		9	
	b6		
	b3		

-9(13) from b3rd
		9	
		6	
	b3		

-9
b3			
			9
		5	

min(Maj 7)
			7
	b3		
		R	

-9
	9		
		b7	
b3			

Half-Diminished aka: min7(b5)

Standard ø7 shape
	b7		
		b5	
	R		

ø7 from b3rd
	R		
b5			
		b3	

ø7 from b5th
	b3		
	b7		
		b5	

ø7 from b7th
b5			
		b3	
		b7	

Diminished
(notice how the shape stays the same, you just move it in minor 3rds!)

o7 from b3rd
	R		
b5			
		b3	

o7 from b5th
	b3		
bb7			
		b5	

o7 from bb7th
	b5		
R			
		bb7	

o7
	bb7		
b3			
		R	

4 String Chord Shapes

o7 from b3rd

R			
		bb7	
	b3		

o7 from b5th

b3			
		R	
	b5		

o7 from bb7th

b5			
		b3	
	bb7		

o7

bb7			
		b5	
	R		

Major

Standard Δ7 Shape

		3	
		7	
	R		

Δ6

		3	
6			
	R		

Δ from 3rd

		5	
R			
		3	

Δ7 from 3rd

			5
7			
			3

Δ from 5th

			R
3			
		5	

Δ7 from 7th

		3	
			R
7			

Δ7 from 7th

R			
5			
		7	

Δ9

	3		
			9
		5	
R			

Δ7(#11)

			#11
		7	
3			
	R		

Δ7(#11)

			#11
		7	
R			

Dominant

Standard Dom Shape

		3	
	b7		
	R		

7 from 3rd

		5	
R			
		3	

7 from 5th

		b7	
	3		
		5	

7 from b7th

	R		
	5		
			b7

VII — Tablas de Referencia de los Acordes Forma

7(#9)

		#9	
		b7	
	3		
		R	

7(b5)

			b5
b7			
R			

7(#5)

			3
#5			
		R	

7 from b7th

			3
5			
	b7		

Various minor Chords

Standard -7 Shape

	b3		
	b7		
	R		

-7 from 3rd

		5	
R			
	b3		

-7 from 5th

		b7	
b3			
		5	

-7 from b7th

			b3
5			
	b7		

-7 from b7th

	R		
	5		
		b7	

-7(b6)

b3			
b7			
			b6
R			

-6

	b3		
6			
	R		

-(b6)

		b3	
b6			
		R	

-7 from 5th

			R
b3			
	5		

-9

b3			
			9
		5	
R			

-(Maj7)

	b3		
		7	
	R		

VII   Tablas de Referencia de los Acordes Forma

Half-Diminished aka: min7(b5)

-7(b5) or ø7

			b5
b7			
R			

ø7 from 3rd

			b5
	R		
			b3

ø7 from 5th

			b7
b3			
		b5	

ø7 from 7th

		R	
b5			
		b7	

ø7 from 5th

			R
b3			
	b5		

Diminished

Standard o7 Shape

		b3	
	bb7		
		R	

o7 from 3rd

			b5
	R		
			b3

o7 from 5th

		bb7	
	b3		
		b5	

o7 from 7th

			R
	b5		
			bb7

Standard o7 Shape

			b5
bb7			
	R		

o7 from 3rd

			bb7
R			
	b3		

o7 from 5th

			R
b3			
	b5		

o7 from 7th

			b3
b5			
	bb7		

VII Tablas de Referencia de los Acordes Forma

5 String Chord Shapes

Major

Standard Δ Shape

5			
	3		
	R		

Standard Δ7 Shape

			7
	3		
R			

Δ6

		6	
		3	
	R		

Δ from 3rd

		R	
		5	
		3	

Δ7 from 5th

		3	
		7	
	5		

Δ7 from 7th

5			
		3	
7			

Δ7 from 7th

		5	
R			
		7	

Δ7(#11)

Δ7(#11)

			7
			#11
R			

Δ7(#11) from 3rd

	R		
#11			
	3		

Δ7(#11) from 5th

			#11
		R	
5			

Δ7(#11) from 7th

#11			
			3
	7		

Dominant

Standard Dom Shape

			b7
	3		
	R		

7 from 3rd

R			
			b7
3			

7 from 5th

		3	
	b7		
5			

7 from b7th

		5	
R			
	b7		

Page 73

Tablas de Referencia de los Acordes Forma

7(b5)

		b7	
			b5
R			

7(#5)

	#5		
		3	
R			

13

		13	
		3	
	b7		
R			

Various minor Chords

Standard -7 Shape

		b7	
	b3		
R			

-7 from 3rd

	R		
		5	
b3			

-7 from 5th

b3			
		R	
5			

-7 from 5th

	b3		
	b7		
	5		

-7 from b7th

		5	
R			
	b7		

-(Maj7)

			7
	b3		
	R		

-6

		6	
	b3		
	R		

-(b6)

	b6		
	b3		
	R		

Half-Diminished aka: min7(b5)

-7(b5) or ø7

	b7		
		b5	
R			

ø7 from 3rd

	R		
	b5		
	b3		

ø7 from 5th

R			
			b7
		b5	

ø7 from 7th

	b5		
R			
	b7		

Diminished

Standard o7 Shape

	bb7		
		b5	
R			

o7 from 3rd

	R		
		bb7	
b3			

o7 from 5th

	b3		
			R
b5			

o7 from 7th

	b5		
			b3
bb7			

6 String Chord Shapes

Major

Standard Δ7 Shape

			3		
			7		
R					

Δ6

			3		
	6				
R					

Δ from 3rd

			5		
	R				
	3				

Δ from 5th

					R
	3				
5					

Dominant

Standard Dom Shape

			3		
	b7				
R					

7(#9)

		#9			
		b7			
	3				
R					

7(9)

	9				
		b7			
	3				
R					

6/9

	9				
	6				
	3				
R					

Various minor Chords

Standard min Shape

	b3				
	b7				
R					

min(Δ7)

	b3				
			7		
R					

-9

	9				
		b7			
b3					
R					

-(b6)

		b3			
b6					
R					

My Most Used 3 string Shapes

Major

Standard Δ6 shape

	6	
	3	
		R

Δ from 5th

	3	
		1
		5

Δ7 from 5th

	3	
	7	
		5

Standard Δ7 shape

	7	
3		
	R	

Δ7(#11)

Δ7(#11)

	7	
	#11	
	R	

From #11

	3	
	7	
	#11	

From #11

	3	
		R
	#11	

Dominant

Standard Dom shape

	b7	
	3	
		R

7(#9) from 3rd

		#9
		b7
	3	

13 from b7th

		13
		3
	b7	

Various minor Chords

Standard min shape

	b7	
b3		
		R

From b3rd

R		
5		
	b3	

min(Maj 7)

		7
b3		
		R

-9(b6) from b3rd

		9
	b6	
	b3	

-9

b3			
			9
		5	

Standard ø7 shape

	b7	
		b5
	R	

ø7 from b3rd

	R	
b5		
		b3

Half-Diminished aka: min7(b5)

o7 from b3rd

	R	
b5		
		b3

o7 from b5th

	b3	
bb7		
		b5

o7 from bb7th

	b5	
R		
		bb7

o7

	bb7	
b3		
		R

VII *Tablas de Referencia de los Acordes Forma*

My Most Used 3 string Shapes (con't)

o7 from b3rd

R			
		bb7	
	b3		

o7 from b5th

b3			
		R	
	b5		

o7 from bb7th

b5			
		b3	
	bb7		

o7

bb7			
		b5	
	R		

My Most Used 4 string Shapes

Major

Standard Δ7 Shape

		3	
		7	
	R		

Δ6

		3	
6			
	R		

Δ from 3rd

		5	
R			
		3	

Δ7(#11)

			#11
		7	
R			

Δ9

	3		
			9
		5	
R			

Δ7(#11)

			#11
		7	
	3		
	R		

Dominant

Standard Dom Shape

		3	
	b7		
	R		

7(#5)

		3	
#5			
		R	

7(b5)

			b5
b7			
R			

Various minor Chords

Standard -7 Shape

	b3		
	b7		
	R		

-7 from 3rd

		5	
R			
	b3		

7(b5)

			b5
	b7		
	R		

-7 from b7th

			b3
5			
	b7		

-9

b3			
			9
		5	
R			

My Most Used 4 string Shapes (con't)

-7(b6)
b3			
b7			
			b6
R			

-6
	b3		
6			
	R		

-(b6)
	b3		
b6			
	R		

Half-Diminished aka: min7(b5)

-7(b5) or ø7
			b5
b7			
R			

ø7 from 3rd
		b5	
	R		
		b3	

ø7 from 5th
			b7
b3			
		b5	

Diminished

Standard o7 Shape
		b3	
	bb7		
		R	

o7 from 3rd
		b5	
	R		
		b3	

o7 from 5th
		bb7	
	b3		
		b5	

o7 from 7th
			R
	b5		
		bb7	

Standard o7 Shape
			b5
bb7			
	R		

o7 from 3rd
			bb7
R			
	b3		

o7 from 5th
			R
b3			
	b5		

o7 from 7th
			b3
b5			
	bb7		

My Most Used 5 string Shapes

Major

Standard Δ7 Shape
			7	
	3			
R				

Δ6
			6	
			3	
	R			

Δ from 3rd
			R	
			5	
			3	

My Most Used 5 string Shapes (con't)

Δ7(#11)

Δ7(#11)

			7
			#11
R			

Δ7(#11) from 3rd

	R		
#11			
	3		

Dominant

Standard Dom Shape

			b7
	3		
	R		

7 from b7th

		5	
R			
	b7		

Various minor Chords

Standard -7 Shape

			b7
	b3		
	R		

-7 from 3rd

	R		
		5	
	b3		

-(b6)

b6			
b3			
R			

-6

		6	
	b3		
	R		

Half-Diminished aka: min7(b5)

-7(b5) or ø7

	b7		
		b5	
R			

ø7 from 3rd

	R		
	b5		
	b3		

Diminished

Standard o7 Shape

	bb7		
		b5	
R			

o7 from 3rd

	R		
		bb7	
b3			

o7 from 5th

	b3		
			R
b5			

o7 from 7th

	b5		
			b3
bb7			

My Most Used 6 string Shapes

Major

Standard Δ7 Shape

			3
		7	
R			

Δ6

			3
	6		
R			

Δ from 3rd

			5
	R		
	3		

Dominant

Standard Dom Shape

			3
	b7		
R			

7(#9)

		#9	
		b7	
	3		
R			

7(9)

	9		
		b7	
	3		
R			

6/9

	9		
		6	
		3	
R			

Various minor Chords

Standard min Shape

		b3	
		b7	
R			

-9

	9		
		b7	
	b3		
R			

-(b6)

		b3	
b6			
R			

Diminished

o7

	b3		
bb7			
R			

o7 from 3rd

	b5		
	R		
b3			

o7 from 5th

	bb7		
	b3		
b5			

o7 from 7th

		R	
	b5		
bb7			

Aquí hay algunas cosas a tener en cuenta al trabajar varias formas a través de los cambios.

Muchos estudiantes tienden a bloquearse en una forma por tipo de acorde. Si toca una cuerda de 4 y le gusta la voz con la raíz en la cuerda E, 7ma en la cuerda D y 3ra en la cuerda G, por ejemplo, pero nunca internaliza la forma de tres cuerdas, siempre tiene que expresar el acorde con la raíz en la cuerda E, que puede no estar cerca de su posición actual del diapasón. Esto hace que tenga que saltar alrededor del diapasón, deslizándote frenéticamente hacia arriba y hacia abajo al encontrar el siguiente acorde.

Es por eso que es importante **aprender formas de acordes que abarcan múltiples agrupaciones de cuerdas** para que pueda mantenerse en posición, tanto como sea posible. Si toca un 4 cuerdas, esto significa dos formas de acorde por tipo de acorde (una con tres cuerdas y otra que abarca cuatro cuerdas). ¡En mi 6 cuerdas, tengo cuatro formas diferentes para una voz que consiste en raíz, tercera y séptima! Eso ni siquiera incluye inversiones o extensiones. Sin embargo, no te preocupes. Solo tómelo acorde por acorde y trabaje a través de las voces. Se relacionan entre sí, por lo que si aprende uno, ya está dos tercios del camino con el siguiente.

Aquí hay un ejemplo. Si expresa un acorde Δ7 sobre tres cuerdas, tocando la raíz, tercera y séptima, tocar la versión de 4 cuerdas de ese acorde es tan simple como mover la tercera arriba una octava, reemplazando la octava más alta con la más baja. Todavía puede ser un acorde de tres notas, pero ahora abarca cuatro cuerdas en lugar de tres.

Si tienes problemas para descifrar una forma usando ciertos tonos de acordes o tensiones, recuerda escanear el área inmediata de tu diapasón. A menudo veo a los estudiantes que intentan hacer estiramientos casi imposibles de jugar con las manos izquierdas tratando de tomar una nota cuando hay la misma nota disponible para ellos en la cadena debajo de ella y en un lugar mucho más fácil de agarrar.

Aquí hay algunos ejemplos de voces de bajo comunes, en posición de raíz, sobre cambios con los que ya estamos familiarizados.

En un intento por mantener la notación tanto legible como en clave de bajo, escribiré muchas de las notas una octava más baja de lo que deberían reproducirse. Sin embargo, agregaré la pestaña para que pueda ver la forma adecuada y en el rango apropiado. El término "8va" se refiere a las notas que se escriben una octava más baja de lo que se tocan.

Todavía no nos preocuparemos por las extensiones; Estos primeros ejemplos solo incluirán tonos de acordes primarios.

Aquí están los primeros 16 compases de "Beautiful Love", con formas de acordes de posición de raíz para bajos de 4 cuerdas, utilizando solo tonos de acordes primarios.

Beautiful Love
(Root-Position Chords, 4-string)

Le imploro que trabaje con muchas más canciones que las de este libro, con TODOS los ejercicios y conceptos presentados en este texto. Al final del libro, proporcionaré una lista de estándares de jazz útiles para trabajar, así como más que unas pocas tablas de acordes para practicar.

Acordes e inversiones

Notarás que en mi lista de formas de acordes, proporcionó voces para tipos de acordes que incluyen otros tonos de acordes primarios en el "bajo" (la nota más baja del acorde).

En general, no toco la quinto del acorde a menos que esté alterado, pero hago una excepción para las inversiones. Esto se debe principalmente al hecho de que estamos limitados en nuestro instrumento con respecto a qué notas elegimos, y en qué orden, cuando las expresamos como un acorde. Nuestro instrumento puede ser algo inflexible, y a menos que tenga dedos increíblemente largos y cierta destreza seria, es demasiado difícil reproducir ciertas voces. Esto, nuevamente, es algo que tendrá que explorar por si mismo. Todos tienen diferentes límites y fisiología. Las primeras inversiones, por ejemplo, me parecen fantásticas con solo la tercera en el bajo con la raíz y la quinta arriba.

Tocar inversiones cordales en el bajo puede sonar realmente interesante, pero en la mayoría de los conciertos, puede que no sea lo más útil; Estos ejercicios están orientados más hacia el desarrollo y la exploración. Sin embargo, es bastante fácil imaginar cómo solo tener la capacidad de tocar un acorde CΔ7 en la posición raíz Y la primera inversión Y la segunda inversión Y la tercera inversión solo puede aumentar su capacidad de ver a través del diapasón y navegar más por el rango de su instrumento libremente.

Cuando se habla de formas de acordes e "inversiones", no son un patrón establecido (como lo son nuestros arpegios), simplemente me estoy refiriendo a la nota en el bajo. Cualquier acorde puede tener múltiples voces, y cada una tendrá un sonido diferente y, por lo tanto, un efecto sonoro diferente.

A medida que avanzamos, algunas de estas voces pueden ni siquiera incluir la raíz. ¡Todo un concepto para un bajista!

Aquí están los mismos 16 compases con voces para todas las inversiones, utilizando solo tonos de acordes primarios.

Beautiful Love
(First Inversion, 4-string)

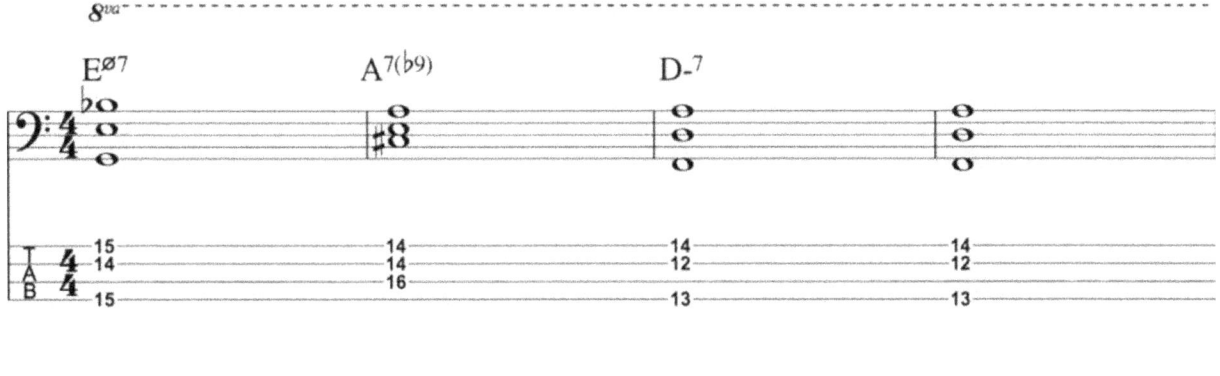
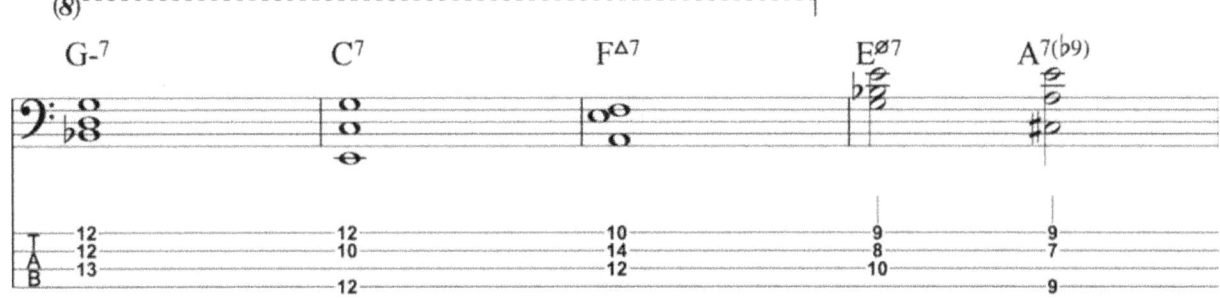
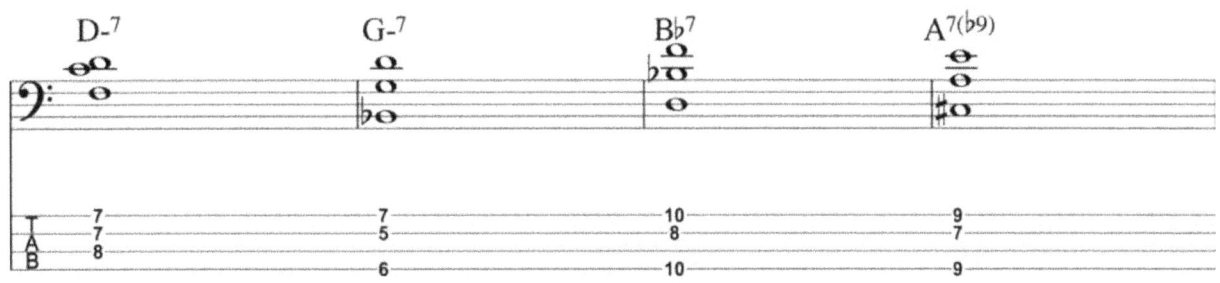
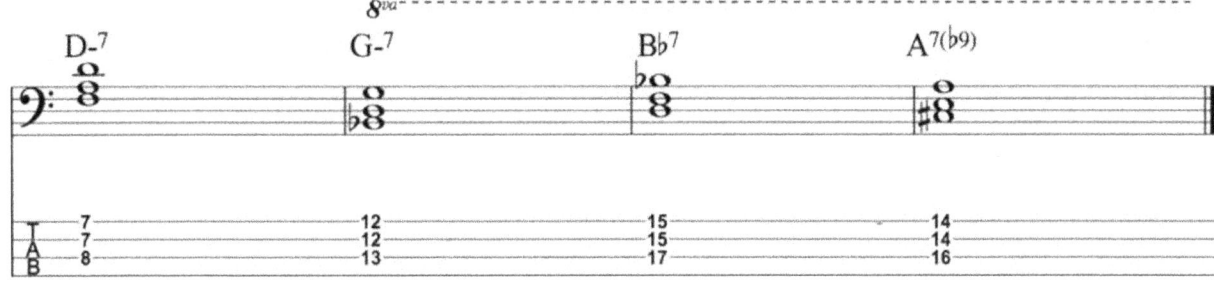

Beautiful Love
(Second Inversion, 4-string)

Beautiful Love
(Third Inversion, 4-string)

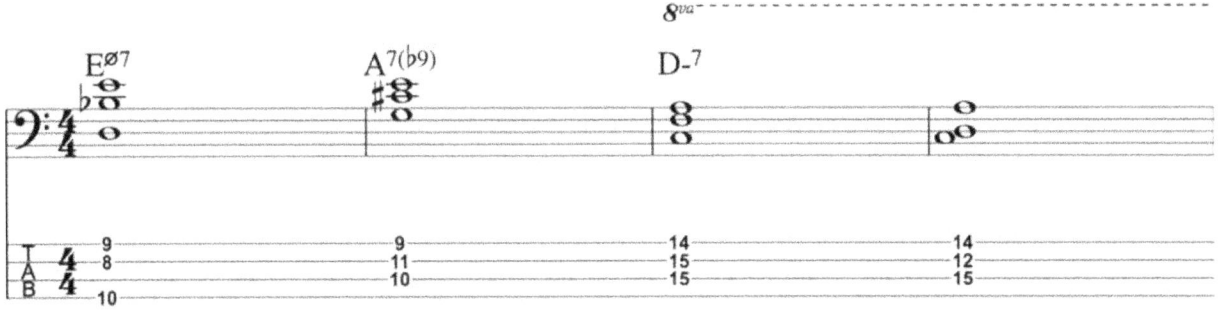
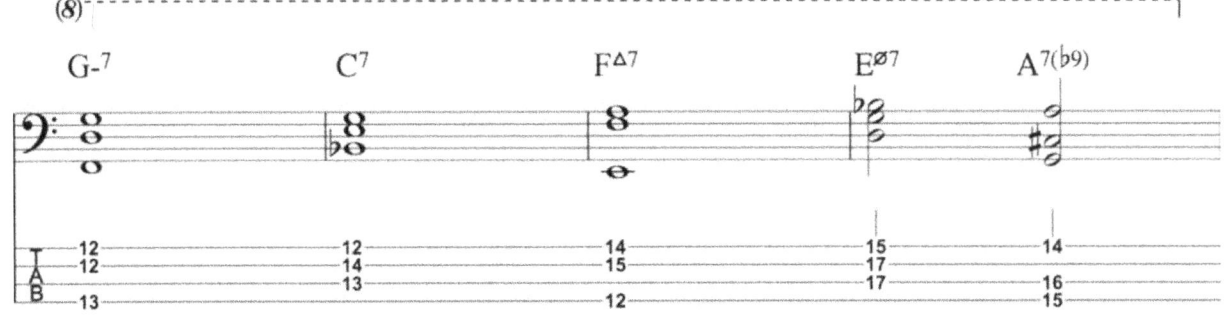
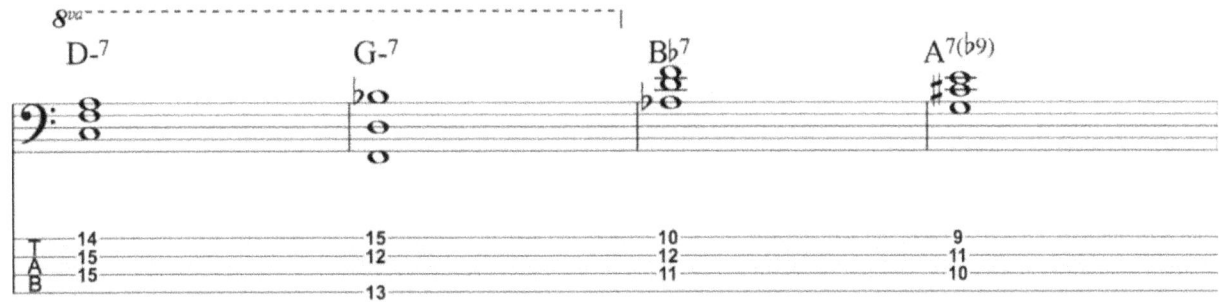
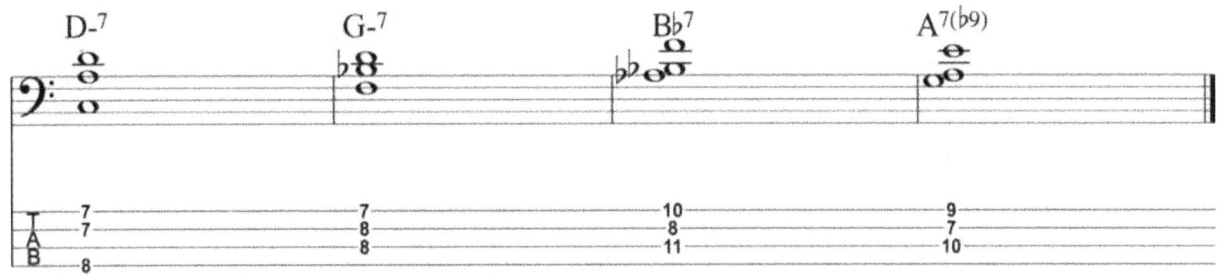

Utilicé una tablatura para ayudar a denotar las voces para ese primer conjunto de ejercicios, pero serán los únicos ejemplos dados usando tab. Creo que los estudiantes obtienen MUCHO más al descubrir cómo aplicar conceptos a su instrumento de lo que nunca leerán simplemente ejemplos de tabulación (o incluso ejemplos anotados), aunque ambos tipos de notación pueden ser guías útiles.

Hay voces mucho más interesantes disponibles para nosotros una vez que comenzamos a incluir las extensiones apropiadas en nuestras formas de acordes. A mi me gustan mucho en particular el 9, 11 y 13 naturales, cuando corresponde.

Voz principal con acordes forma

Este es uno de mis ejercicios favoritos. Recordará que la guía de voz es, esencialmente, moverse a través de los cambios mientras se mueve cada nota lo menos posible o nada. Esto realmente puede probar su capacidad de pensar en los cambios, ya que estamos tocando tres notas a la vez y evaluando constantemente nuestras notas. Los estamos contrastando con el próximo acorde y tenemos que decidir si tenemos que mover cada nota y, de ser así, dónde.

Es mejor tomar esto tan lento como sea necesario. Lo hermoso es que ni siquiera tiene que ser necesariamente bueno en este ejercicio para obtenerlo. Cada momento de pensar en cambios como este aumenta nuestra capacidad de reconocer los tonos de escala disponibles y desafía nuestro conocimiento de nuestro diapasón. Simplemente comience con CUALQUIER forma de acorde que desee y luego evalúe sus notas, una a la vez y una a la vez. Tómelo con calma.

En este punto, todavía nos estamos restringiendo a los tonos de acordes primarios. Cuando el acorde de voz principal se forma en el bajo, una vez que nos permitimos toda la escala de acordes, las cosas se ponen interesantes. La realidad es que no tenemos que movernos mucho cuando usamos toda la escala de acordes. Dos subproductos de esto son:

- Nos damos cuenta de lo estrechamente relacionado que está cada acorde con el siguiente.
- Nuestras formas de acordes no suenan muy bien (especialmente en un bajo).

Esto es práctica, y no siempre se supone que suena "bien". Puede ser difícil escuchar la armonía si estrictamente guiamos la voz a través de los cambios usando toda nuestra escala de acordes. Me permitiré el uso de ciertas extensiones que me gustan, pero tiendo a apegarme a los tonos de acordes primarios.

Aquí está "Giant Steps" (con tab—de nada),
usando tonos de acordes primarios y formas de acordes para bajos de 4 cuerdas.

(Dejé caer una octava en un punto porque me quedé sin trastes y sucedió un patrón definitivo que quería completar. No hay reglas estrictas y rápidas aquí, simplemente no cortes las esquinas con la función del concepto).

Giant Steps
(Voice-Led Chordal Study, 4-string)

VII   Ejercisios

NOTA: Solo puedo dar un ejemplo anotado por concepto a veces en este libro, pero de ninguna manera eso debería implicar que el trabajo termina allí. CADA uno de estos fragmentos debe estar en un estado constante de desarrollo. Si ha "dominado" los arpegios de posición raíz sobre "Beautiful Love", por ejemplo, eso no significa que los haya "conseguido". Significa que los superó "Beautiful Love" y que ahora es el momento de pasar a otra melodía con algunos cambios diferentes.

Cada ejercicio musical puede darte un trabajo de por vida. Trate de no leer cada ejercicio una o dos veces, más o menos, y luego continúe. Siempre trate de avanzar más con cada concepto. Debería hacer CADA ejercicio a través de CADA melodía que enumero cerca del final del libro. Luego, debe elegir otro puñado de canciones y explorarlas de manera similar. Nunca debería terminar.

Para internalizar realmente muchos de estos conceptos, tendrá que trabajar en ellos durante años. Nunca debe dejar de descubrir cómo X puede relacionarse con Y por qué eso funciona mejor en esta canción que Z.

No tengo intención de proporcionar un texto enciclopédico de posibles patrones escalares a través de un millón de melodías. De hecho, ¡creo que eso no le haría ningún bien! Para realmente obtener algo de este tipo de libro, USTED necesita hacer el trabajo. Es en esos momentos de frustración, cuando está luchando por resolver algo, que estás aprendiendo, es importante golpear esas paredes y encontrar su propio camino, sobre o a través de ellas.

Incluso una vez que haya "dominado" todos estos ejercicios, solo lo llevarán a descubrir más variaciones y diferentes formas de explorar los cambios. Inevitablemente inventará sus propios ejercicios que lo desafiarán de nuevas maneras. Todos estos ejercicios fueron de mi propia creación. Estos ejercicios parecían una forma lógica de trabajar en los cambios y seguí ajustándolos. Resulta que los músicos improvisadores de todo el mundo hacen estas mismas cosas, y yo no lo sabía. Creo que estos son los lugares lógicos para comenzar a explorar los cambios, pero encontrará su propio camino y ajustará esta metodología para adaptarse a su propio estilo de aprendizaje y objetivos para el instrumento.

Aquí hay un ejemplo más (con tabulación) del ejercicio de voz principal cordal (con extensiones ocasionales) usando las primeras 16 barras de "Beautiful Love", para bajo de 4 cuerdas.

Beautiful Love
(Voice-Leading, With Extensions)

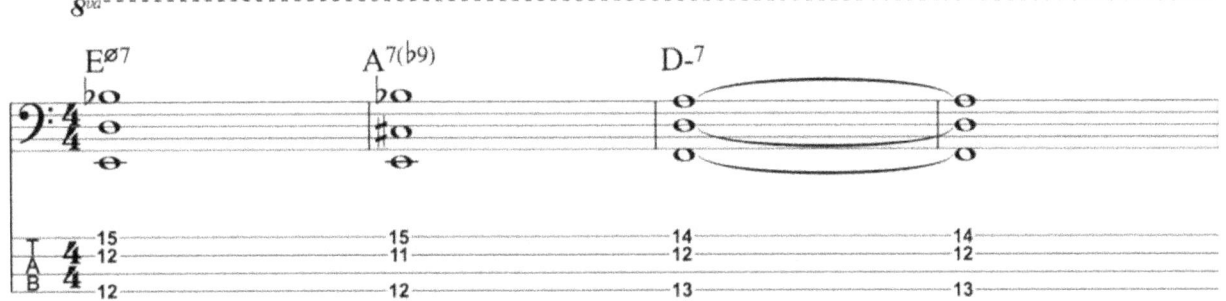
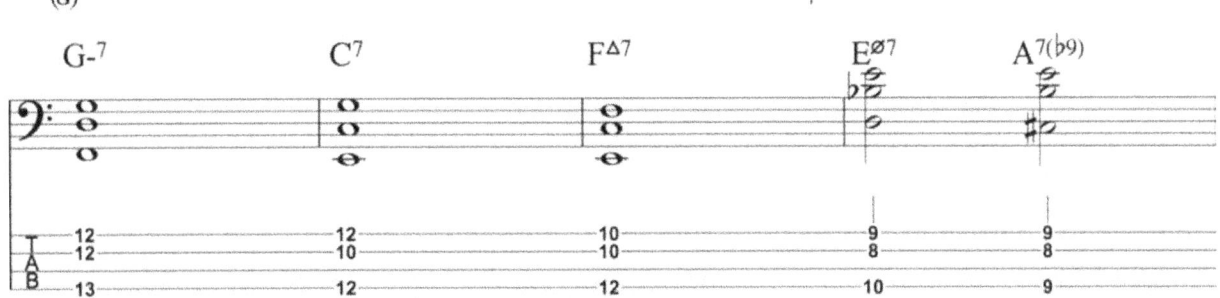
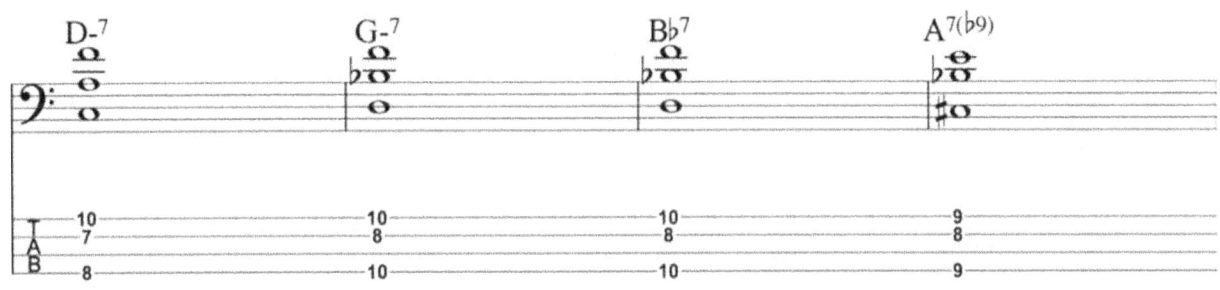
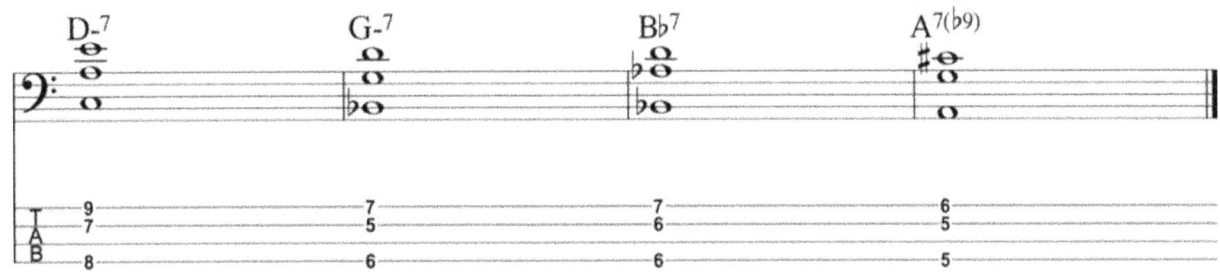

Ritmo

Ahora que nos hemos familiarizado bastante con las notas que deberían funcionar sobre un acorde dado, le diré que a menos que su ritmo y fraseo ocurran, su ejecución no está sucediendo.

El ritmo es al menos el 50% de lo que entra en un gran ritmo, línea de bajo, relleno o solo. En mi experiencia, un ejecutante que tiene buen tiempo y una gran sensación, pero un concepto armónico muy limitado, sonará infinitamente mejor que un ejecutante que tiene todas las notas "correctas" pero no puede controlar su tiempo y su sensación. Me he encontrado con demasiados estudiantes que tienen un montón de potencial pero han descuidado hacer el trabajo necesario para controlar realmente su tiempo y / o subdivisiones. El dominio de las subdivisiones es realmente de lo que se trata cuando se trata de control rítmico.

Muchos músicos en flor se obsesionan mucho con los tiempos bajos y positivos y no se esfuerzan demasiado hasta que se ven obligados a hacerlo. Recuerdo haber hecho un concierto en trío con un guitarrista de jazz latino y un percusionista africano. El guitarrista hizo una pequeña broma sobre tratar de encontrar el "1" durante el solo de percusión, y el percusionista respondió: "Todos ustedes, chicos occidentales, están tan preocupados por el '1', a nadie le importa el '2'". No solo esto nos hizo reír a todos, pero hubo un pequeño momento de claridad para el guitarrista, quien inmediatamente reconoció cuán dependiente era de que la sección de ritmo le alimentara los tiempos débiles. Si dejamos caer el "1" y enfatizamos una subdivisión que él no esperaba, por ejemplo, podría ser arrojado irremediablemente fuera de curso. Incluso el "2", en ese ejemplo, debería ser tan fácil de sentir como el "1", y mucho menos el tercer tresillo de corchea del "1".

Los ritmos desconocidos pueden sorprender a cualquiera, ¡pero también resalta la importancia de la **internalización**! Si podemos entrenarnos para sentir CADA subdivisión dentro de nosotros tan fuerte como podemos sentir un latido de cada compás, las cosas comienzan a ponerse más interesantes. Se te abre un mundo completamente nuevo de posibilidades rítmicas y tu ejecución de esos ritmos se vuelve mucho más fuerte. Una vez que haya comenzado a internalizar el ritmo, su forma de tocar se tensa y, naturalmente, sentirá la música de una manera más desarrollada. Cuando lo sientas convincentemente, lo jugarás convincentemente.

Tiendo a sentir todo en grupos de dos o tres, y así es como desgloso las cosas internamente, ya sea que estemos hablando de firmas de tiempo no 4/4 o subdivisiones de un latido. Esto incluye agrupaciones de cuatro y seis, así como agrupaciones compuestas.

Un **ritmo compuesto** se compone de múltiples agrupaciones rítmicas. Por ejemplo:

- 4/4 sigue siendo una agrupación de dos (en mi opinión, son solo múltiplos de 2).
- 6/8 es una agrupación de tres.
- 5/8, sin embargo, no es una simple suma de dos o tres, sino una combinación de dos y tres.

(3 + 2 o 2 + 3).

Las agrupaciones de 5, 7, 11, 13, etc. son números primos. Por lo que puedo decir, todos los números primos serían ritmos compuestos.

NOTA: es útil tener un metrónomo que permita agrupaciones compuestas al desarrollar sus habilidades con firmas de tiempo "extrañas". Si puede programar un metrónomo para darle un clic de 3 + 2 o 4 + 3 con un ritmo negativo para cada agrupación, realmente puede ayudar a acelerar su internalización de las agrupaciones.

Con agrupaciones no compuestas más grandes, aún podemos usar múltiplos de dos y tres (ocho pulsos podrían enfatizarse como 3 + 2 + 3, por ejemplo). No considero que esto sea una agrupación compuesta, sino más bien una acentuación rítmica de un ritmo no compuesto. Esto puede o no entrar en conflicto con otros textos sobre el tema, así es como lo percibo.

Sinceramente, no me importa mucho si algo está "bien" o "mal", siempre y cuando me lleve a hacer música que percibo como "correcta". Si funciona para mí, voy con eso. Si encuentra formas alternativas de concebir CUALQUIER COSA en este libro y esas formas realmente lo ayudan a comprender la información de una manera funcional, ¡adelante! Siempre asegúrese de que su interpretación personal sea verdaderamente funcional a través de la experimentación y la exploración. Nunca se permita tomar el camino más simple porque es más fácil. Suponiendo que continúe en su camino hacia la comprensión musical, es posible que solo esté creando más trabajo para usted más adelante. Esto sería en virtud de tener que romper los malos hábitos o volver a aprender algo que malinterpretó e internalizó.

<u>A los ejercicios:</u>
Por ahora, nos quedaremos con las subdivisiones dentro de un solo ritmo, pero llegaremos a las firmas de tiempo compuesto más adelante. Si bien podemos, por supuesto, dividir un ritmo en cualquier número de subdivisiones más pequeñas, centrémonos en las más comunes: tresillos y décimosextas. Me parece que si los estudiantes realmente pueden controlar sus tresillos y subdivisiones de notas 16, el resto es natural y mucho más fácil. También he notado una tendencia con respecto a los trillizos. Para la mayoría de los bajistas que he encontrado en entornos educativos, los tresillos son más difíciles de sentir.

Comencemos con algunos ejercicios de semi corcheas, seguidos de algunos tresillos, y luego redondeamos con una mezcla de los dos. Todas las notas marcadas con "x" deben silenciarse. Me resulta más fácil tocar CADA subdivisión y silenciar cada nota excepto la subdivisión que estoy tratando de tocar. Hacerlo te ayuda a sentir cada subdivisión y la relación con la nota que realmente estás permitiendo que suene. Este también es un ejercicio fantástico para silenciar con precisión, arrancar con la mano derecha, tiempo y resistencia.

Una vez que pueda jugar bien un ejercicio y con el tiempo usando notas silenciadas, es hora de evolucionar en descansos y SOLO jugar la subdivisión que tiene la intención. Es probable que esto tenga más sentido una vez que vea los ejercicios.

Sixteenth-Note Subdivision Exercises

Rhythmic only, with muted notes

Rhythmic only, with rests

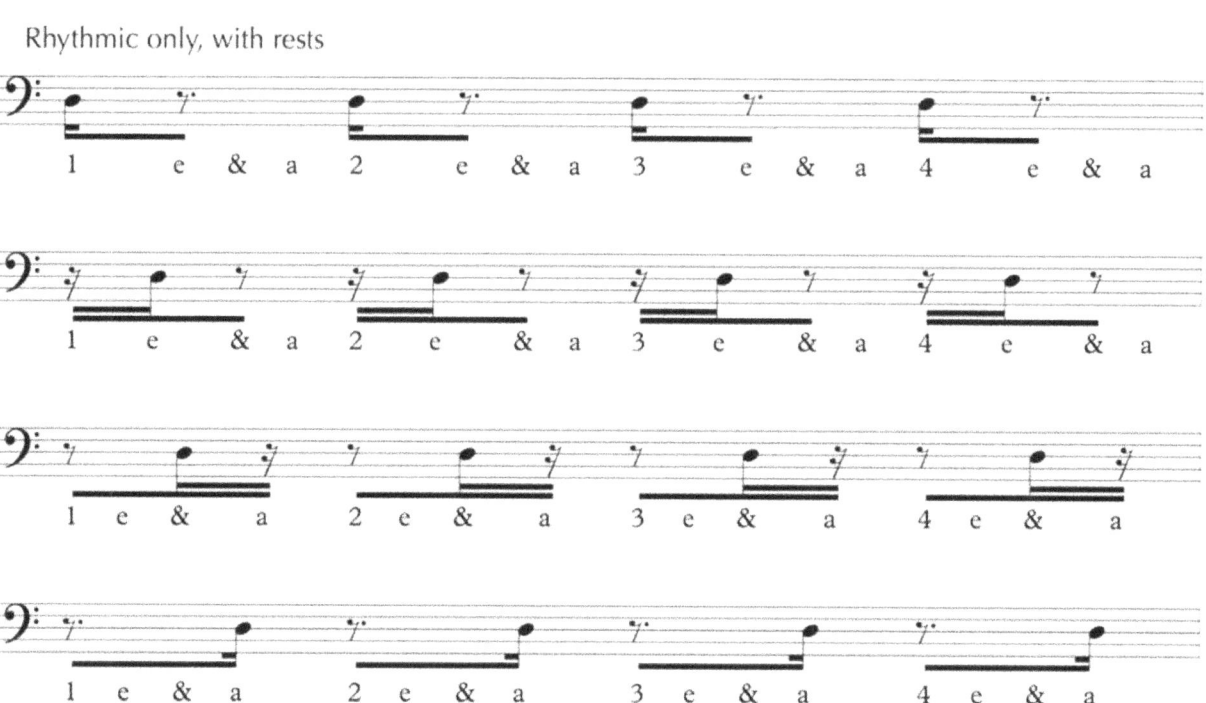

VIII — Ritmo

Miscellaneous patterns, with muted notes

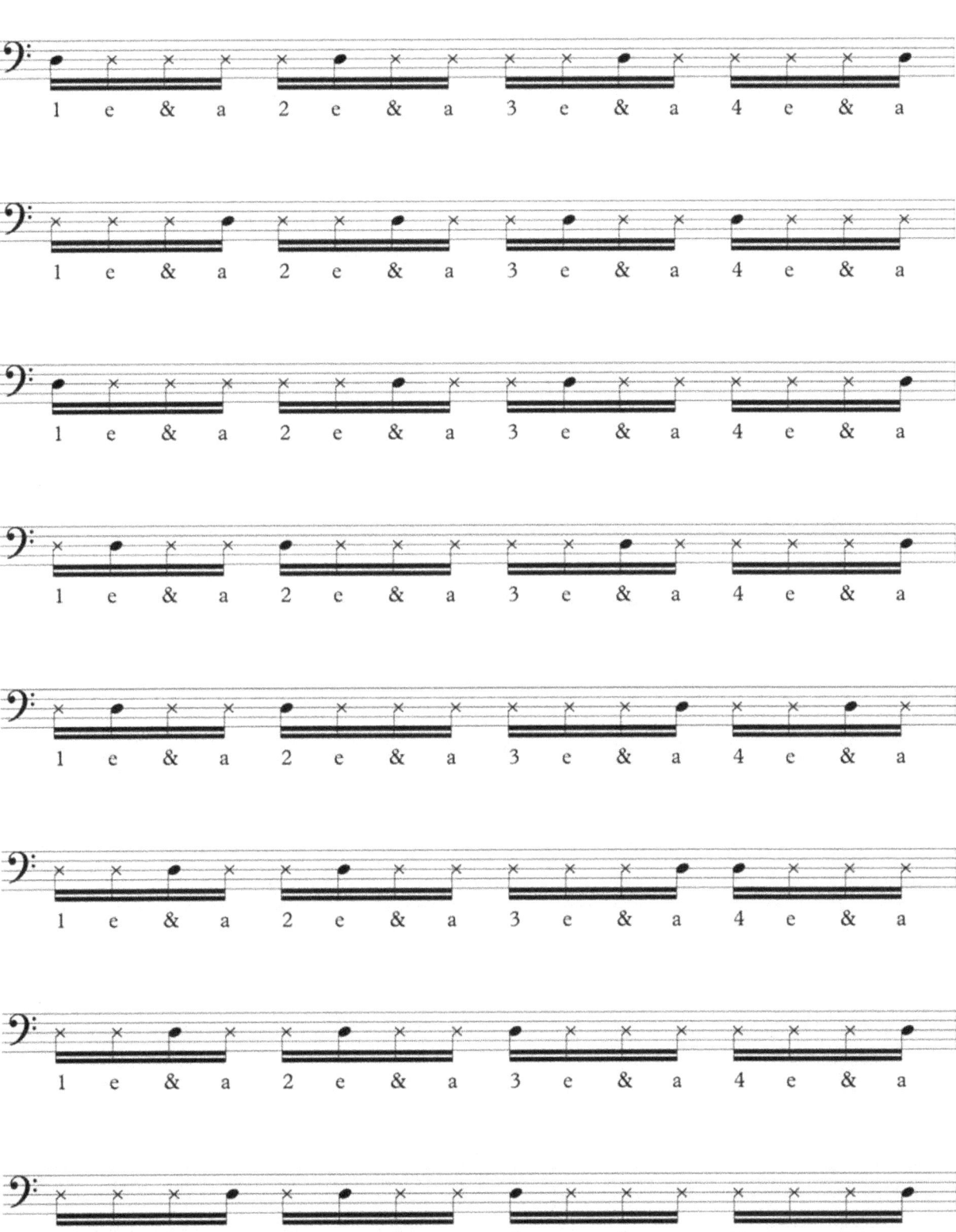

VIII — Ritmo

Miscellaneous patterns, with rests

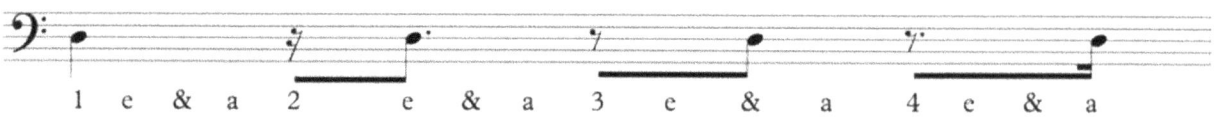

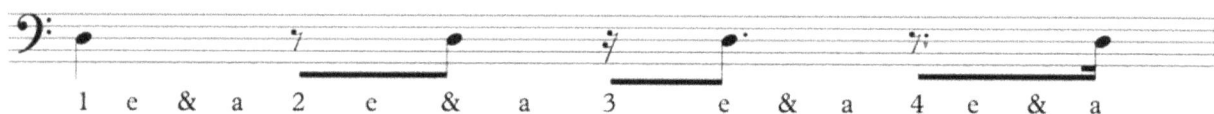

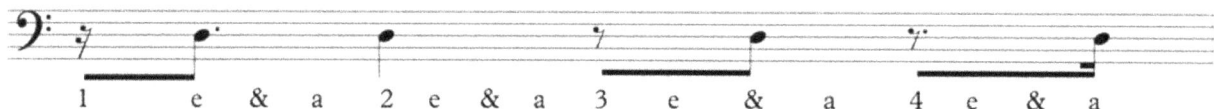

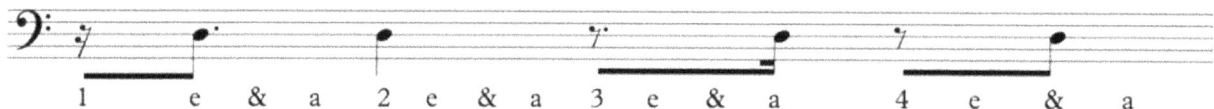

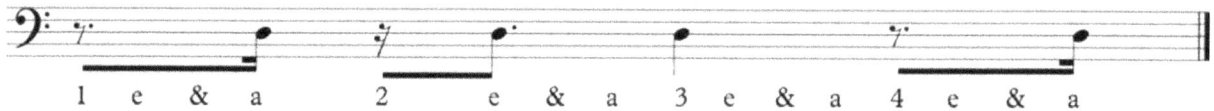

VIII — Ritmo

Ahora veamos algunos ejercicios similares que utilizan tresillos. He descubierto que a la mayoría de mis estudiantes les cuesta mucho más interiorizar realmente las divisiones de tresillos. Vale la pena solidificarlos, ya que se puede encontrar MUCHO oro rítmico mediante la combinación de grupos de dos y tres.

Triplet Subdivision Exercises

Rhythmic only, with muted notes

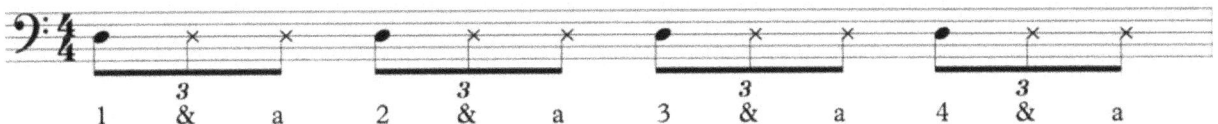

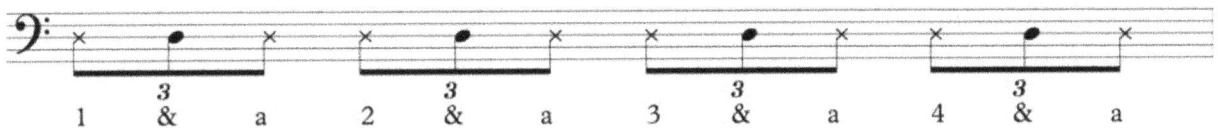

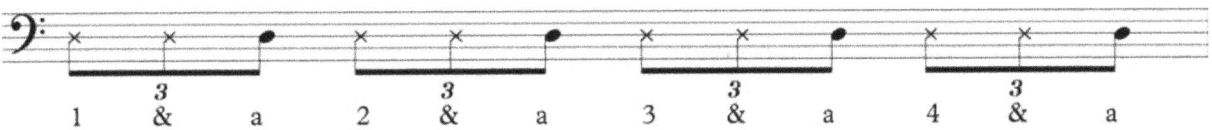

Rhythmic only, with rests

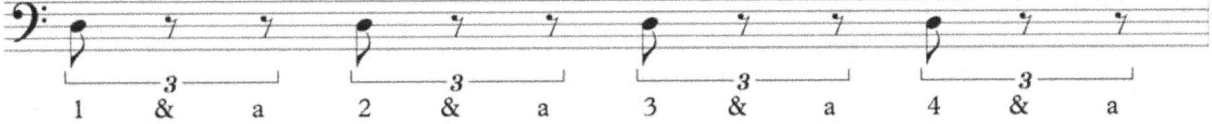

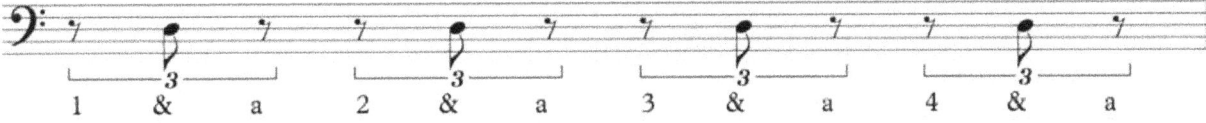

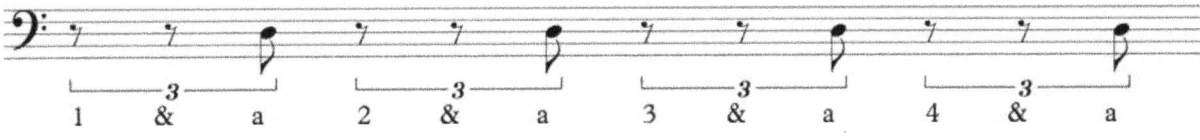

VIII

Ritmo

Miscellaneous patterns, with muted notes

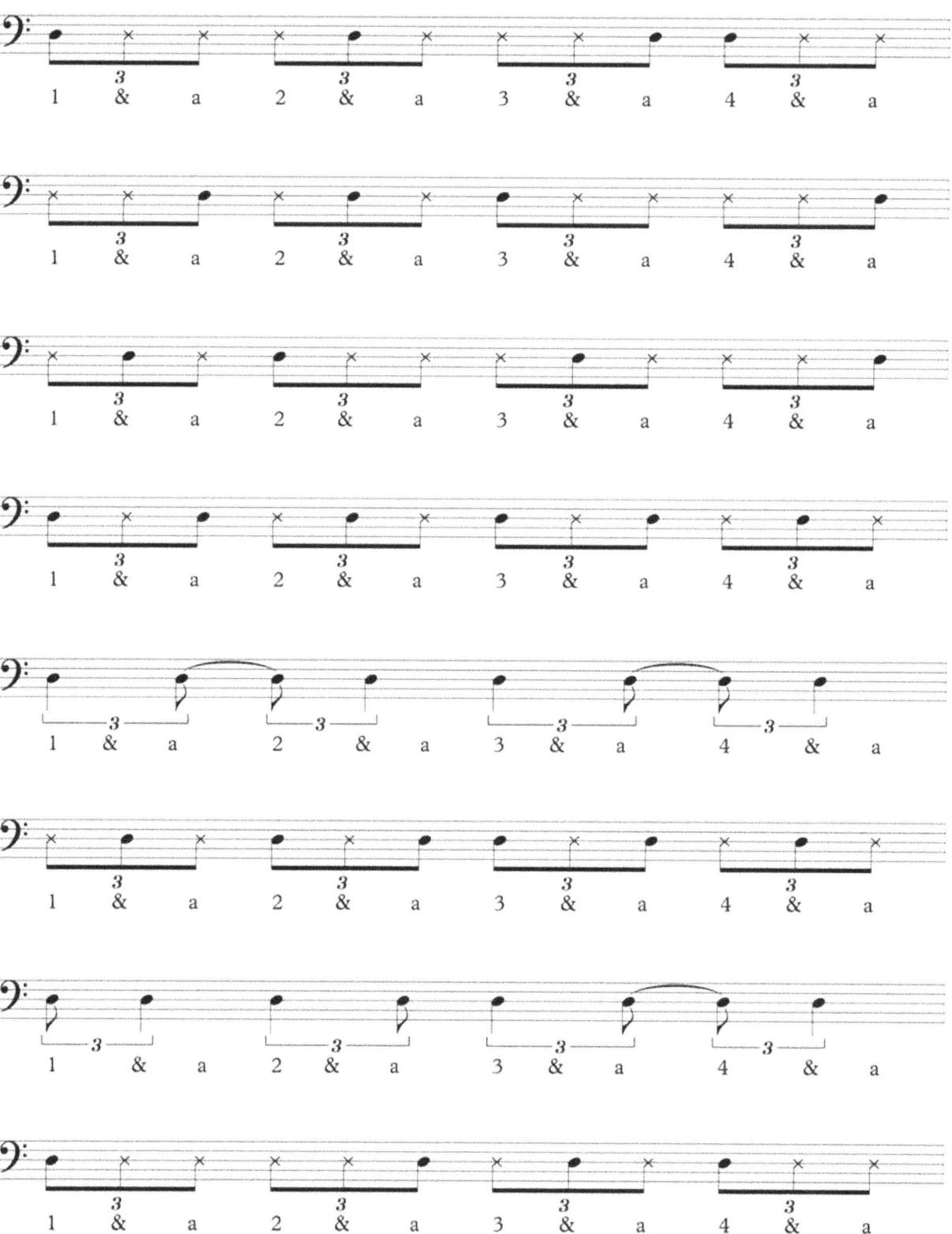

VIII — Ritmo

Miscellaneous patterns, with rests

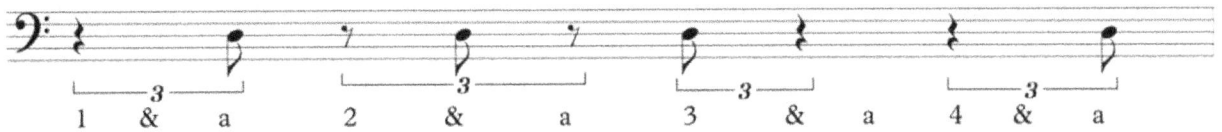

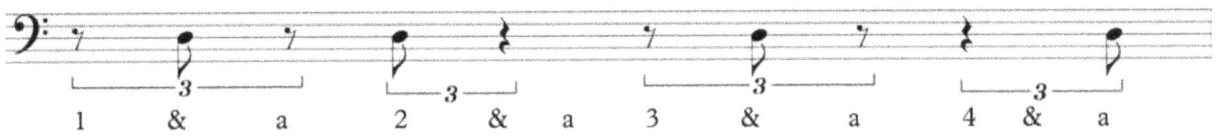

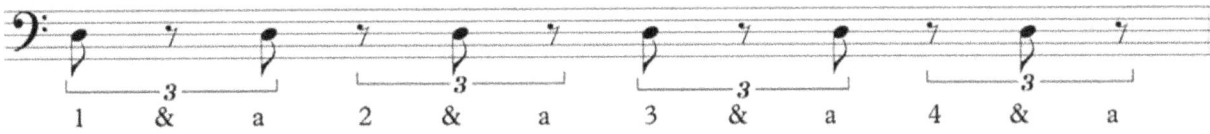

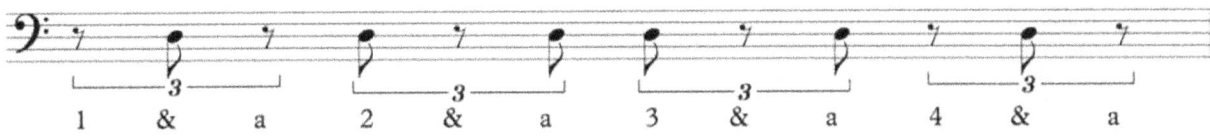

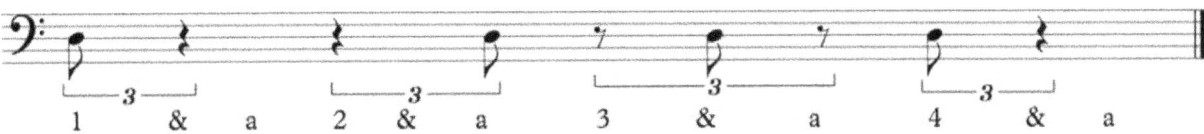

VIII   *Ritmo*

Pruebe algunas combinaciones de tresillos y décimosextas.

Mixed Triplets and 16th-Note Subdivision Exercises

Rhythmic only, all muted notes

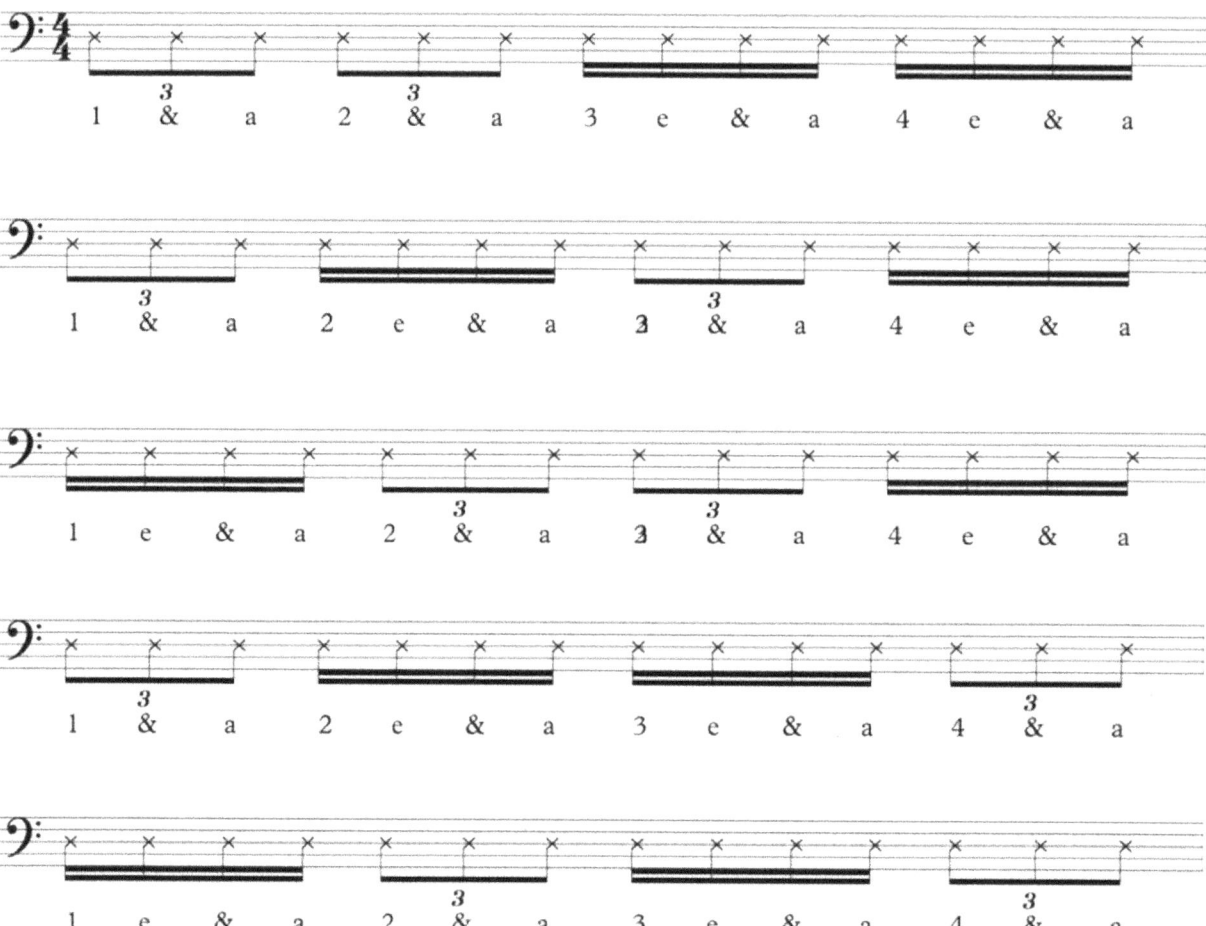

VIII — Ritmo

Miscellaneous patterns, miscellaneous muted notes

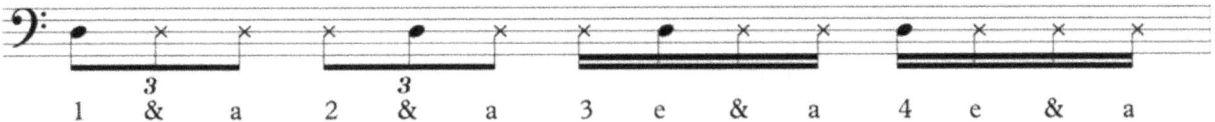

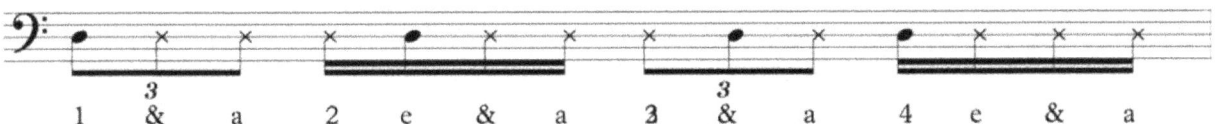

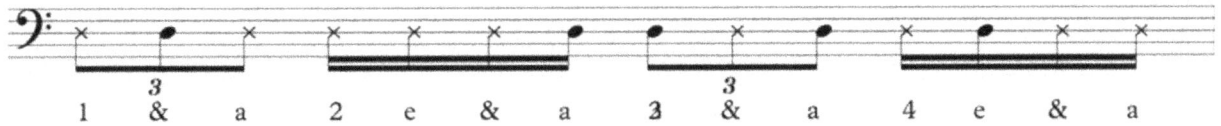

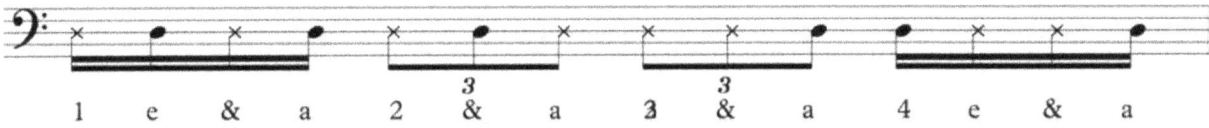

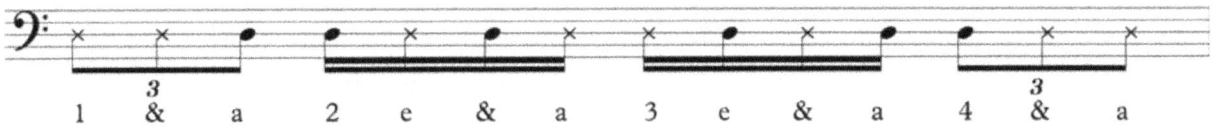

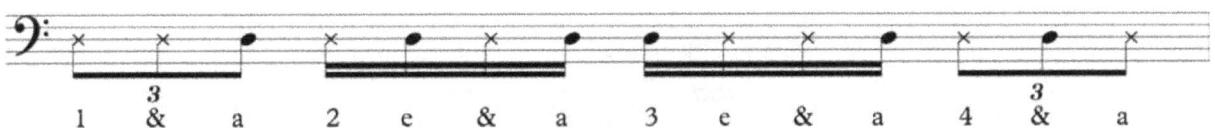

VIII — Ritmo

Advanced mixed rhythms, with rests

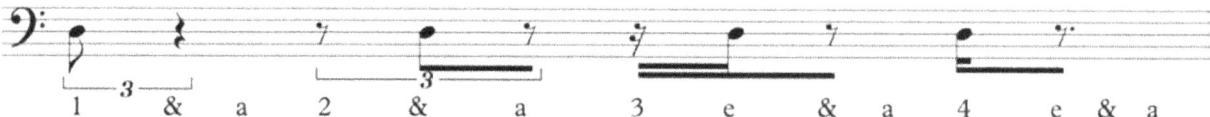

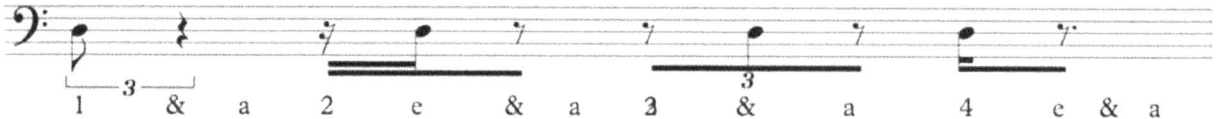

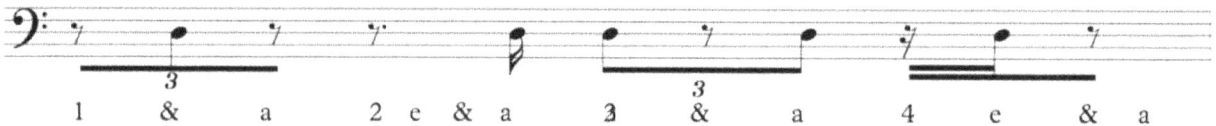

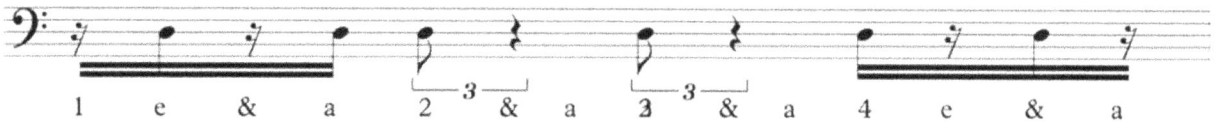

Aplicación rítmica a la armonía

Una vez que nos hayamos acostumbrado bastante a los ritmos, es hora de comenzar a aplicar nuestros patrones rítmicos a los patrones melódicos. Encuentro que aplicar TODOS los ejercicios técnicos a mis diversos patrones melódicos ayuda a internalizarlos aún más de manera eficiente. Esto sirve para probar nuestros límites, así como para evaluar la profundidad de nuestra internalización tanto del ritmo como de la armonía.

Cada ejercicio que realizamos en nuestra búsqueda del dominio musical está en última instancia al servicio de hacer música. Por lo tanto, es más que útil emplear un contexto musical para cada ejercicio. En los siguientes ejercicios, utilizaremos canciones de Real Book de nuestros ejercicios de arpegio anteriores combinados con algunos de estos ejercicios rítmicos.

Se necesita poca imaginación para darse cuenta de cómo podemos continuar desafiándonos a nosotros mismos durante toda la vida al continuar aplicando los siguientes criterios al diseñar nuevos ejercicios para desafiarnos a nosotros mismos.

- Decidir sobre un patrón rítmico.
- Decidir sobre un patrón melódico.
- Ejecútelos simultáneamente a través de cualquier número de cambios de acordes en el Libro Real.

Agregaremos a esta lista a medida que continuamos en este libro, pero incluso esta aplicación de ritmo y armonía debería conducir a algunos descubrimientos gigantes si se practica con intención y paciencia.

No es mi intención brindarle todas las posibilidades dentro. Una gran parte de su desarrollo vendrá de su propia exploración de este material, a su manera. Le animo a que intente seguir cada hilo hasta su conclusión natural y luego se pregunte: "¿Qué más podría intentar?"

El nivel de dificultad puede saltar un poco aquí. Como se indicó antes, solo le daré un puñado de ejemplos para que comprenda el proceso. El verdadero trabajo depende de usted para seguir adelante con más variaciones.

Recuerde: Estos ejemplos utilizarán notas silenciadas para ayudarlo a realizar un seguimiento de la ubicación. Es importante que desarrolle la capacidad de abandonar las subdivisiones silenciadas y solo juegues la subdivisión elegida. Una vez que pueda hacer esto de manera competente, ¡puede estar seguro de que está bien encaminado hacia la internalización rítmica!

Beautiful Love
(Root Position, Downbeats)

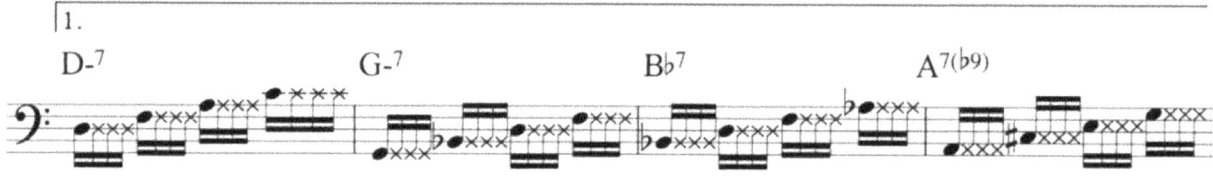

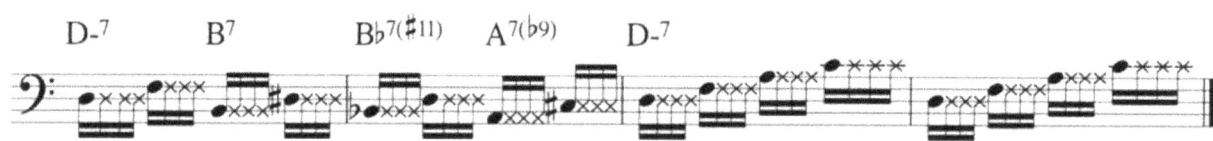

Beautiful Love
(Root Position, Second 16th)

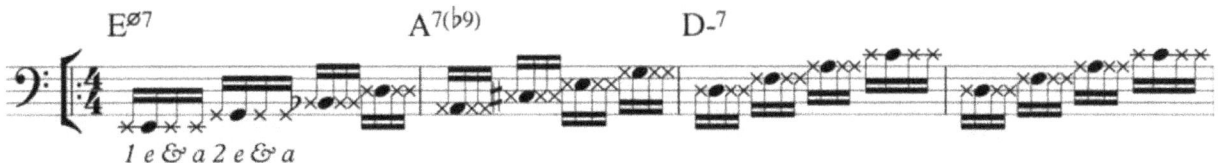
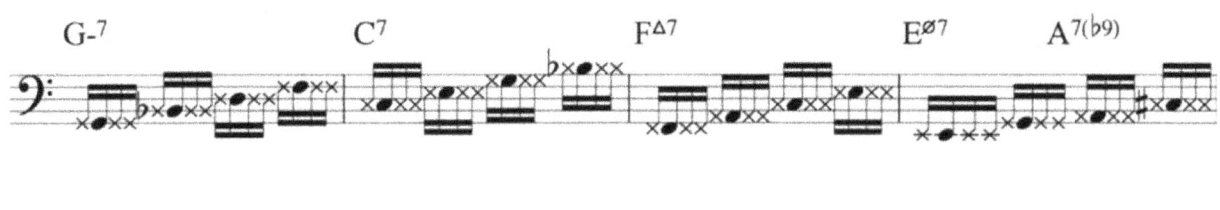

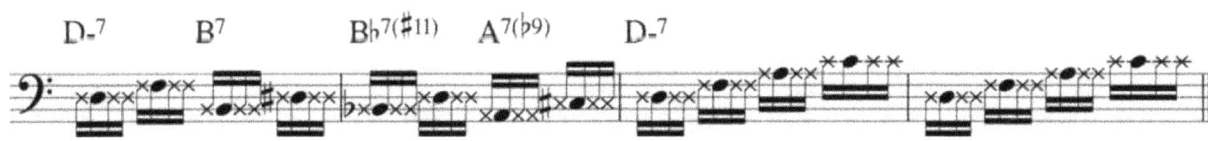

Stella by Starlight
(3 5 7 9, Shifting 16th-Note Subdivisions)

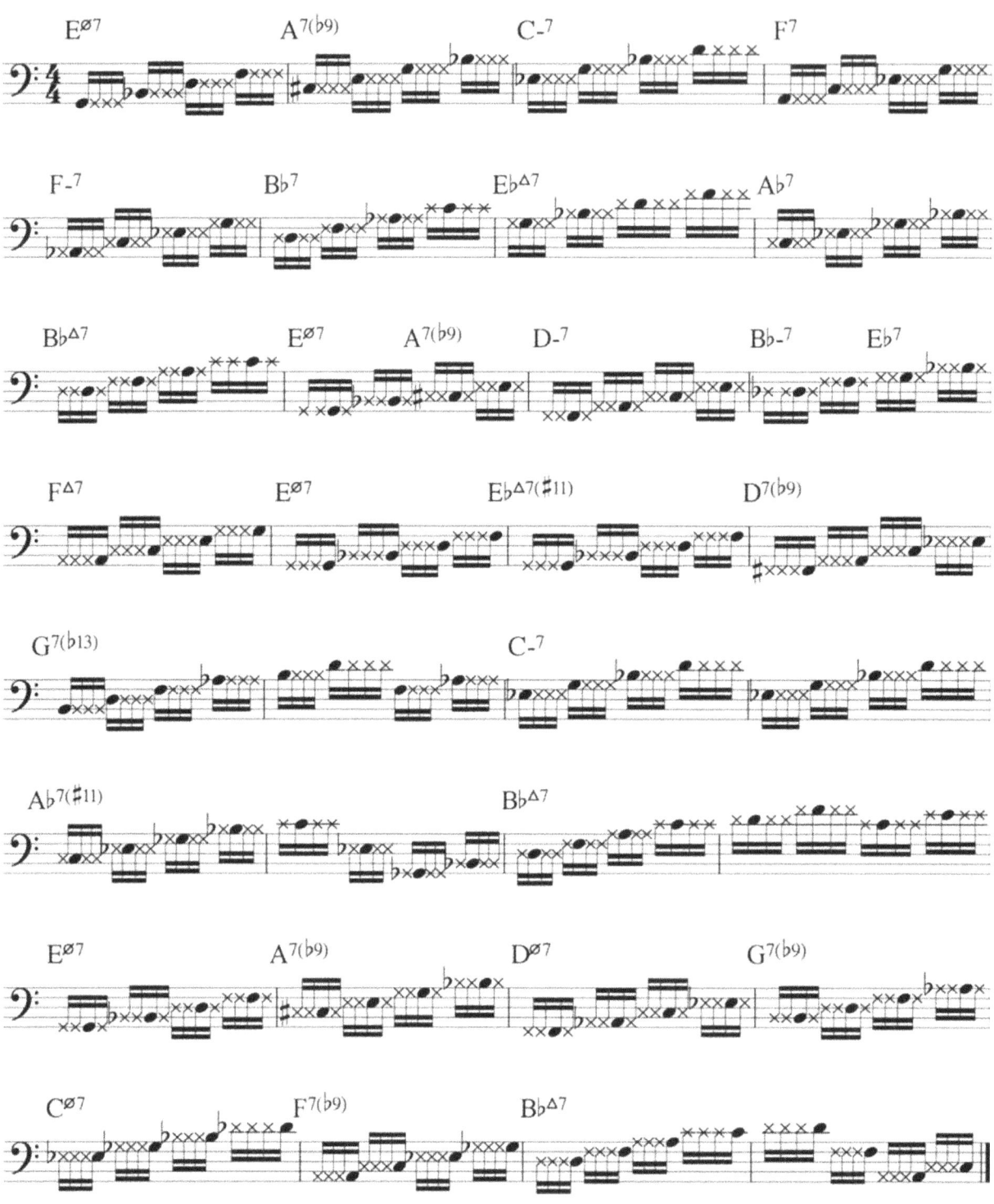

Beautiful Love
(Shifting Inversions, Shifting Triplets)

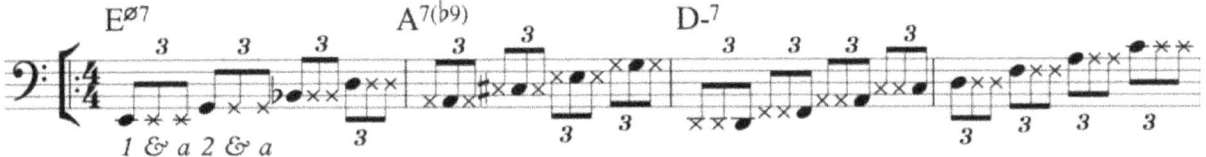

Root position

1st inversion

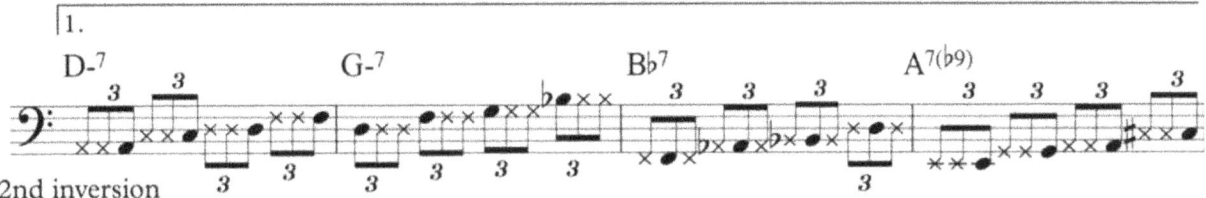

2nd inversion

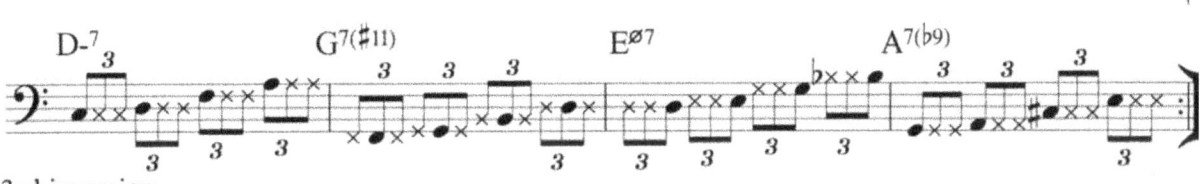

3rd inversion

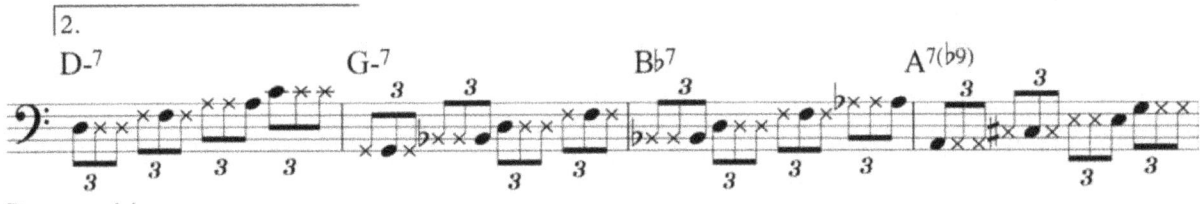

Root position

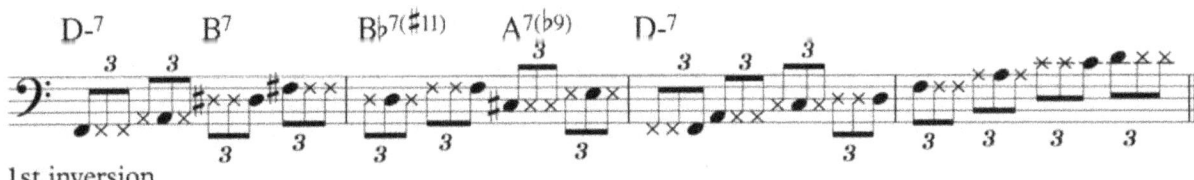

1st inversion

Como puede ver, las cosas se pusieron un poco difíciles en este último. Debe tener una idea bastante buena de cuánto podemos hacer con un poco de pensamiento creativo sobre el ritmo y la armonía a través de los cambios.

Me gustaría compartir algo extremadamente creativo que el fenomenal bajista Franc O'Shea (www.francoshea.com) escribió en un artículo para la edición de mayo de 2011 de la revista británica Bass Guitar. Esto ilustra cuán ingenioso puede ser con el ritmo en su práctica.

Si bien no puedo recordar cómo llamó el concepto, lo llamo "12 Tones and 12 Beats". Me encanta este concepto y he explorado una miríada de formas de emplearlo en mi práctica. La esencia es esta: hay 12 notas en la escala cromática, y si asignamos un valor rítmico a cada nota en la escala cromática, entonces cada escala tiene un ritmo diferente (cada nota en la escala cromática que no pertenece a el modo con el que estamos trabajando se convierte en un descanso).

Comencemos usando tresillos de corchea porque esto también nos da 12 tiempos por compás. Usando esta premisa, la escala C mayor tendría este ritmo.

Ionian

Lo que fue más interesante para mí y para mis oídos es que muchos de los ritmos de la escala mayor sonaban como varios ritmos de percusión afrocubanos comunes cuando se tocaban rápido. Un estudiante y yo lo pasamos particularmente bien explorando esto. Escogíamos una escala, uno de nosotros tocaba una línea de bajo al ritmo de esa escala, y el otro tocaba solo en esa tonalidad. Luego, cada vez que se sentía bien, uno de nosotros llamaba una nueva escala y raíz ("G Lydia", por ejemplo) y al final de nuestra frase, cambiaríamos tonalidades y ritmos y cambiaríamos roles (con el solista ahora tocando) bajo y viceversa). Esto funciona para cualquier escala con cualquier número de notas. Una escala pentatónica simplemente tendría más descansos, por ejemplo, y una escala simétrica disminuida tendría menos descansos.

Aquí hay algunos ejemplos de varias escalas y los ritmos asociados con ellas en las siguientes páginas. Comenzaremos con los modos de escala principales.

RECUERDE: Cada escala terminará en el 7º grado. La mayoría de nosotros estamos acostumbrados a repetir la raíz al final de la escala, pero este sería el comienzo del ritmo repetido.

12 Tones & 12 Beats
Major Modes in the Key of C

12 Tones & 12 Beats
Rhythm Only

Ionian

Dorian

Phrygian

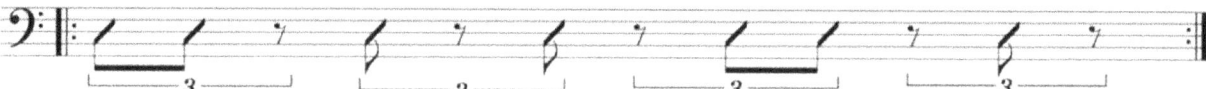

Lydian

Mixolydian

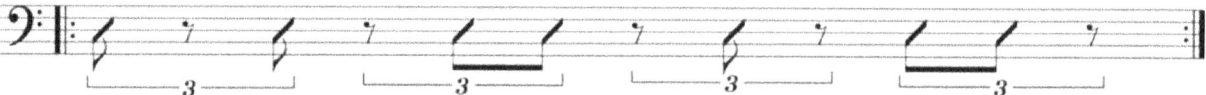

Aeolian

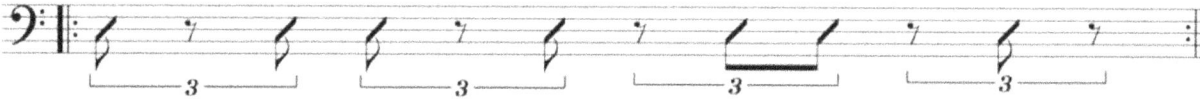

Locrian

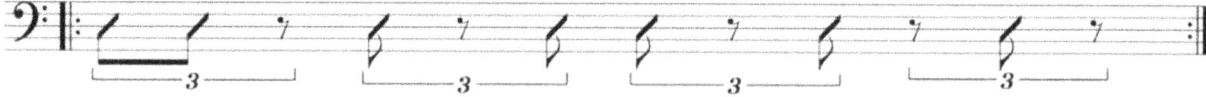

12 Tones & 12 Beats
Miscellaneous Scales

Lydian dominant

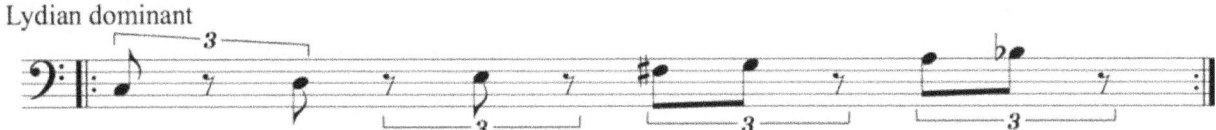

Lydian dominant rhythm

Whole-tone

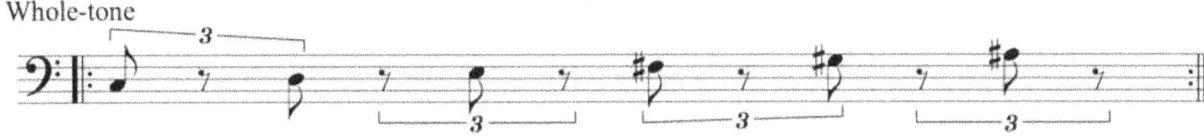

Whole-tone rhythm

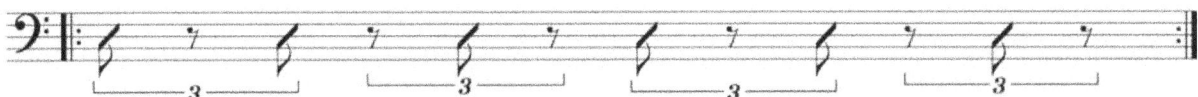

Super Locrian

Super Locrian rhythm

VIII Ritmo

La utilización de los modos de las escalas mayor, menor melódica y menor armónica nos da una gran cantidad de ritmos para jugar.

Hasta ahora, hasta ahora solo hemos usado tresillos de corcheas como nuestro ritmo principal. Si elegimos otro ritmo, las cosas se ponen interesantes porque (en 4/4) las frases rítmicas se repetirán en diferentes lugares de la barra. En otras palabras, usando octavas notas, cada escala toma una barra y media antes de que se repita. Esto nos da una frase rítmica de tres compases antes de que comience nuevamente en el "1".

C Major Scale Rhythm, 8th notes

Esto abre un mundo de posibilidades (¡especialmente cuando comenzamos a trabajar con ellos en tiempos "irregulares"!

Algunos ritmos principales pueden tomar menos o más compases antes de repetirse desde el "1" y algunos (como el ejemplo en B menor que verá en algunas páginas) pueden ser MUY difíciles de tocar bien. La idea real aquí es que esta es otra herramienta más en su cinturón para que pueda crear ejercicios desafiantes para sí mismo.

Me gusta tocar con estos ritmos mientras practico escalas de acordes a través de los cambios de acordes LENTAMENTE. Este no es un lugar para comenzar mientras aún está internalizando las escalas de acordes, sino una forma de retarse a sí mismo solo un poco una vez que se sienta cómodo con algunas de ellas.

Aquí hay algunos otros ejemplos arbitrarios para que comience a usar esta idea (no tan) básica.

A Lydian dominant, 16th notes

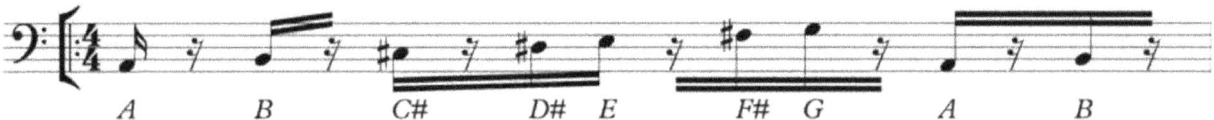
A   B   C#   D#   E   F#   G   A   B

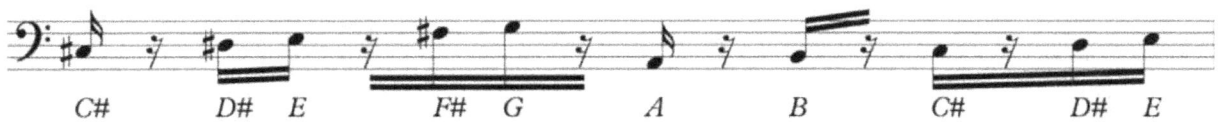
C#   D#   E   F#   G   A   B   C#   D#   E

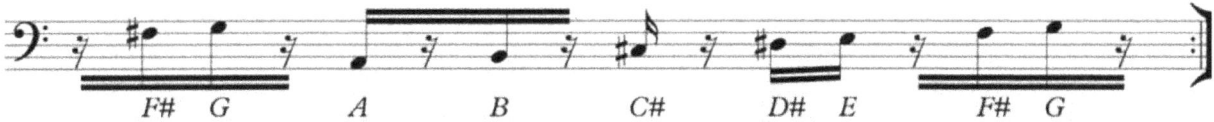
F#   G   A   B   C#   D#   E   F#   G

A Lydian dominant, 16th notes (rhythm only)

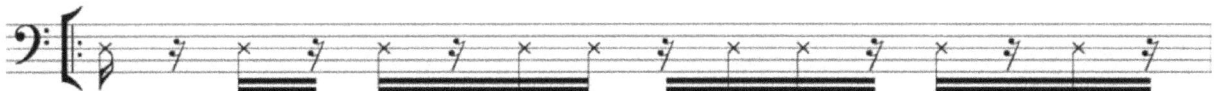

VIII
Ritmo

B Aeolian (minor), dotted 8th notes

B Aeolian (minor), dotted 8th notes (rhythm only)

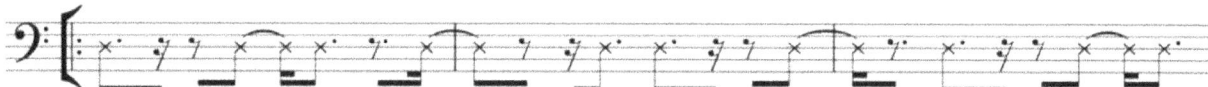

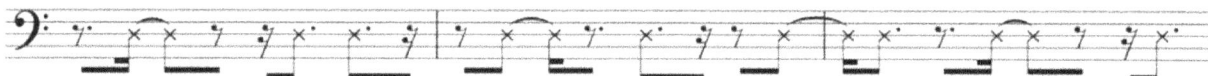

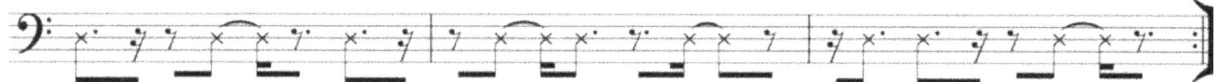

Como mencioné anteriormente, otra forma en la que he pensado emplear este dispositivo rítmico mientras practico es incorporarlo a la práctica de escala de acordes a través de cambios de acordes. Esto requiere que toque los cambios MUY lentamente. Cuando uso un "toca al mismo tiempo", generalmente configuro el tempo en alrededor de 75 bpm para una melodía con UN acorde por compás. Si la melodía tiene dos acordes por compás, ¡quizás quieras bajar hasta 40 bpm! Tómelo tan lento como sea necesario para tocarlo correctamente. Lleva tiempo pensar en el espacio entre notas y traducirlo al ritmo. Esto es especialmente cierto cuando se usa una escala de acordes con más de un paso completo entre algunos grados de escala. ¡ESTO ES MUY DELICADO! No Se desanime si se confunde. Solo tómese su tiempo y toque con el concepto. Trabájelo lentamente y experimente.

Así es como se verían los primeros ocho compases de "Autumn Leaves":

Estas son algunas ideas bastante confusas. Su utilidad radica en la forma en que lo empuja a estirar su imaginación y mirar la información de varias maneras. Me parece que cuando estoy en una rutina de buenas prácticas y trabajo en cosas que son más difíciles de lo que incluso puedo encontrar en el escenarios de música, incluso tocar a través de cambios difíciles parece mucho más fácil.

Una última cosa que me gustaría mencionar es el concepto de desplazamiento. Esto es algo en lo que la mayoría de los bateristas trabajan regularmente, pero no se le ocurre a muchos otros instrumentistas hasta más adelante en su desarrollo. De lo que estoy hablando es del acto de tomar un fraseo, un ritmo o una línea con la que ya estás familiarizado y desplazarlo rítmicamente por un grado a la vez (corcheas, décimas, semicorcheas ... lo que parezca factible). Esto se aplica a la armonía y al ritmo (el modo dórico, por ejemplo, es realmente sólo un desplazamiento armónico de la escala mayor en una nota).

Aquí hay otro ejemplo: si tiene un fraseo de cuatro notas que le gusta, ¿qué sucede si comienza el fraseo en la segunda nota y termina con la primera, transformando 1, 2, 3, 4 a 2, 3, 4, 1? Aquellos de ustedes que hayan trabajado en mi primer libro, "Right Hand Drive", podrían reconocer este ritmo..

Aquí hay un ejemplo (aunque complicado) de cómo se ve este ritmo cuando lo cambio una nota una y otra vez hacia atrás. Sugerencia: hay 14 notas en el ritmo, por lo que habrá 14 variaciones de este ritmo en la página siguiente. Este es otro ejemplo de cómo puede tomar una cosa que conoce bien y convertirla en una cantidad casi abrumadora de información para explorar.

VIII

Ritmo

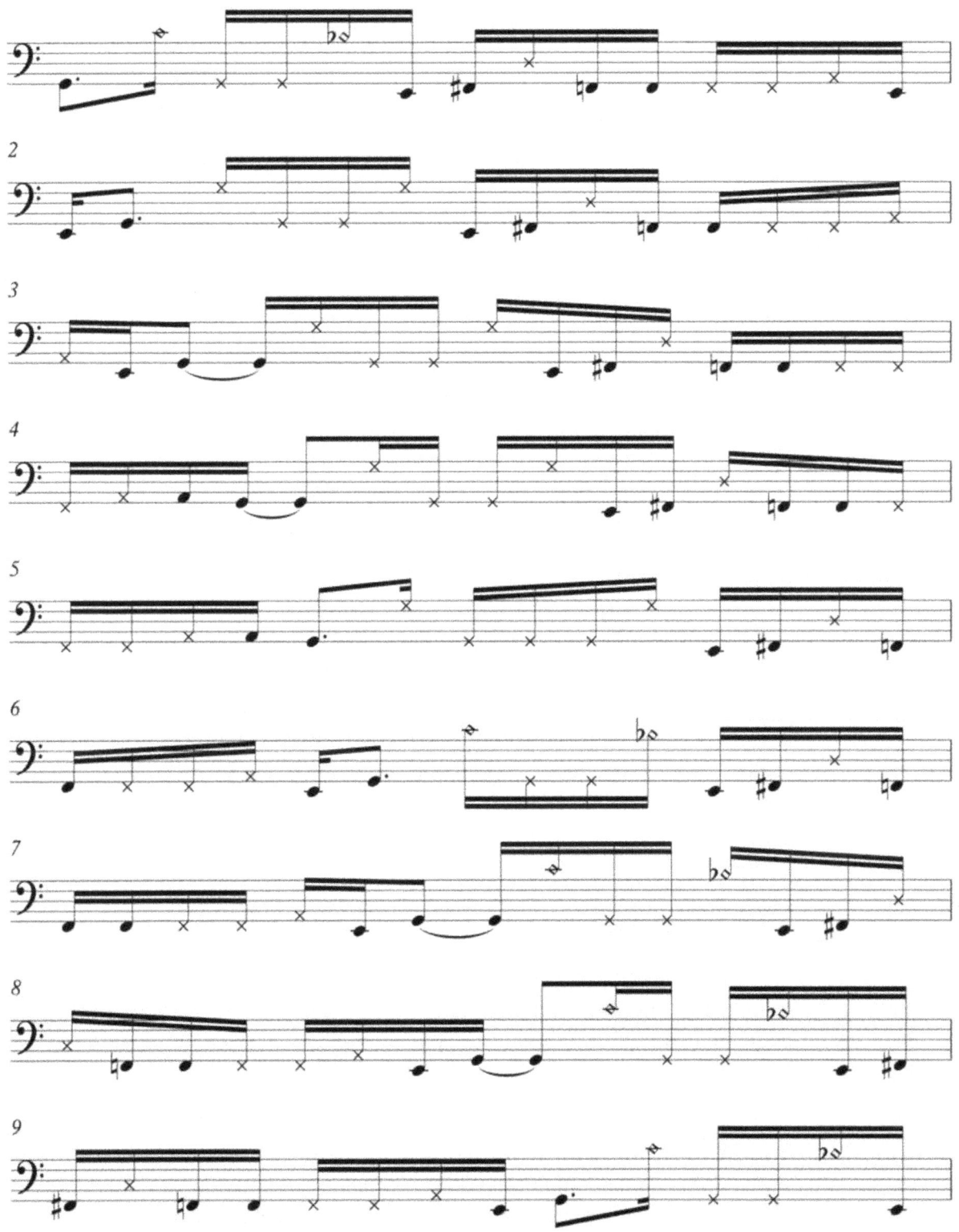

Si bien este surco es ciertamente un poco complicado para empezar, puede ver cómo puede tomar CUALQUIER ritmo y, simplemente moviéndolo nota por nota, conviértalo en una serie de ritmos de sensaciones completamente diferentes.

    A estas alturas, debe tener una idea bastante buena de cómo puede usar el ritmo para expandir sus horizontes, así como una idea bastante buena de lo que se necesita para ponerlo bajo sus dedos de una manera realmente útil. Como regla general, crear nuevos ejercicios puede ser tan simple como tomar ...

- Cualquier ejercicio melódico
- Cualquier grupo rítmico

…¡y combinándolos para crear nuevas e interesantes formas de desafiarse a si mismo tanto rítmicamente como armónicamente! Apliquemos algo de esta perspectiva sobre agrupaciones rítmicas a las firmas de tiempo.

    Para ser honesto, el término "compases irregulares" siempre me ha molestado. Creo que este término es un poco una excusa (inconsciente) y solo habla de la falta de variedad dentro de nuestra cultura musical. También implica que nuestras firmas de tiempo estándar de 4/4 o 3/4 son "normales", mientras que cualquier otra cosa es excéntrica, experimental o "que no cabe". Esta es solo mi perspectiva, pero mantengo que no nos ayuda a pensar que los tempos no estándar son "irregulares".

Compases irregulares

En mi opinión, un compás solo es irregular si no es familiar, y la falta de familiaridad solo habla de nuestra propia falta de exposición. También es debido a este grado de exposición que voy a presentar este capítulo al afirmar que, si bien puede haber algunas cosas contenidas aquí que podrían ayudarlo a trabajar en "compases extraños", nada realmente lo ayudará a internalizar estos compases más que simplemente ampliando sus horizontes con respecto a la música que está escuchando.

Si desea tocar música en otros compases, debe poder realmente escuchar música en otros compases. Esto es válido para los músicos que desean poder tocar más géneros o estilos de música. La capacidad de reproducir un nuevo estilo de música requiere que comprenda ese estilo a través de la escucha y la internalización. Ninguna cantidad de lectura le llevará allí. Esto, más que casi cualquier cosa, requiere que escuche.

Este capítulo es bastante subjetivo. Tengo mi propia forma de sentir los compases, que consiste en mí interiorizando el ritmo de la batería, el ritmo de la melodía o algún patrón obstinato que existe en la canción. No tengo la capacidad de contar y tocar al mismo tiempo. Por lo tanto, DEBO sentir las agrupaciones rítmicas de lo que estoy tocando si voy a tocar bien y con una frase natural dentro del compás.

Si bien puedo dar ejemplos de cómo siento las melodías contenidas en este capítulo, esto no significa necesariamente que las sentirá de la misma manera. Mi objetivo principal en este capítulo es mostrarle un camino para comprender que luego puede explorar a su manera y a su propio ritmo.

Como dije antes, tiendo a sentir todo en grupos de dos y / o tres. Con respecto a los compases, la mayoría de las personas pueden sentir grupos de dos (2/4, 4/4, etc.) y la mayoría de las personas pueden sentir grupos de tres (3/4, 6/8, etc.). En mi experiencia, la mayoría de la gente no ha trabajado en mezclar esos grupos de compases de **dos y tres**, a diferencia de los grupos de **dos o tres**. Una vez que pueda combinar cómodamente grupos alternos de dos Y tres, las posibilidades son infinitas. 3 + 2 = 5, 4 + 3 = 7, 6 + 3 = 9, 3 + 3 + 3 + 2 = 11 y así sucesivamente. Y esos compases se pueden agrupar de muchas maneras.

Echemos un vistazo más de cerca a algunas canciones y *oirá* lo que estoy hablando.

IX   *Compases irregulares*

Dave Brubeck Quartet, "Take 5," del álbum *Time Out*

Este es un ejemplo clásico de cómo expresar en 5/4. Todavía no he conocido a un estudiante que no pudiera seguir el ritmo tras unas pocas barras. Ahora, por supuesto, tocar libremente e improvisar con una banda mientras toca esta canción todavía requiere que la internalicemos un poco. Aquí está el ritmo básico sobre el que se basa esta melodía.

Esta es una agrupación bastante obvia de **3 + 2**. Aquí hay otra forma en que podría escribirse.

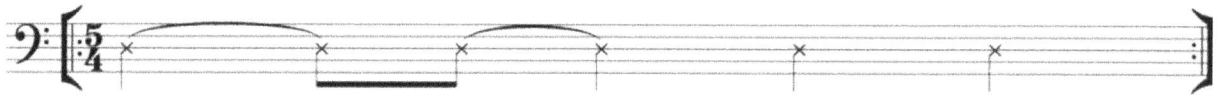

El ritmo de una negra con puntillo es una forma alternativa común de expresar una agrupación de notas de tres corcheas (para hacer un poco más interesante que simplemente tocar cada pulso). Una negra con puntillo también es un ritmo natural cuando se agrupan las corcheas (tres corcheas = una negra con puntillo).

      Podrá redactar bien dentro de la canción una vez que haya internalizado el "ritmo materno" de esa melodía. Incluso si estás tocando otro ritmo, esto es lo que probablemente tendrás que hacer internamente. Cuando toco las notas negras, por ejemplo, incluso si estoy tocando una línea recta debajo del solista en esta melodía, ese ritmo de dos notas negras seguidas de dos notas negras es lo que sentiré internamente. Así es como evito perderme en el pulso, especialmente si el baterista se pone complicado y dice cosas en 4/4 por unos pocos compases solo para crear tensión.

      Tendremos nuestro "ritmo materno" implantado sólidamente en el oído de nuestra mente, y a menos que dejemos que nuestras mentes vaguen por mucho tiempo, deberíamos ser capaces de mantener nuestro lugar en la forma y volver juntos con fuerza en un momento débil, creando una agradable tensión rítmica y liberación.

IX   Compases irregulares

Sting, "Seven Days," del álbum ***Ten Summoner's Tales***

Este es otro ejemplo fantástico de fieltro 5/4 como una agrupación de 3 + 2. En realidad, es la misma agrupación rítmica que "Take 5", con negras con puntillo. La única diferencia es el uso de descansos en el "ritmo materno".

Lo que hace que esta melodía suene tan interesante (aparte de la escritura magistral de Sting) es el uso de acentos creativos con el hit-hat del baterista Vinnie Colaiuta en cada otro ritmo. Esto crea un patrón de dos barras y es una forma maravillosa de mejorar un ritmo irregular sin abarrotarlo o hacerlo demasiado complicado.

Si bien puede no ser obvio que el "ritmo materno" de esta melodía es 3 + 2, es el uso del golpe "dos y" (el ritmo positivo del pulso dos) lo que obliga a nuestros oídos a escuchar el tercer pulso con fuerza, aunque sea un descanso. No podemos evitar escucharlo como **1 2 y** 3 4 5.

IX — Compases irregulares

Dave Brubeck Quartet, "Blue Rondo à la Turk," del álbum *Time Out*

"Blue Rondo à la Turk"

Esta melodía es un buen ejemplo de algo que percibo como 'contar lento y rápido'. Aunque estamos usando corcheas como nuestro denominador y la sensación literal de esta melodía es **2 + 2 + 2 + 3**, el tempo es demasiado rápido para que yo sienta un tan rápido 1, 2/1, 2/1, 2/1, 2, 3 y aún sentirme lo suficientemente relajado como para tocar bien.

Si estamos contando furiosamente y tocando un ritmo, la música que produzcamos se sentirá frenética porque nos sentimos frenéticos. Propongo que es más fácil sentir este ritmo como un **lento 3 +** y **un rápido 3**. En otras palabras, internalizo este ritmo como tres notas negras más tres corcheas, o como tres notas negras y una negra con puntillo. Me gusta esto:

1 2 3, 123

Esta forma de sentir ritmos compuestos como dos ritmos separados al doble o medio tiempo puede ser muy útil cuando llegamos a ritmos más largos y más complicados (como mi canción "Bestowal", que está en 15/8).Si gravita hacia combinaciones de ritmo con las que ya está familiarizado y puede sentir con facilidad, entonces es solo cuestión de sentirse cómodo alternando ritmos familiares. Creo que esto es mucho más fácil que recordar una gran colección de agrupaciones rítmicas. En otras palabras, si puede tocar en 3/4 cómodamente y puede tocar en 4/4 cómodamente, entonces con un poco de práctica, no debería ser demasiado difícil desarrollar un nivel de comodidad con 7/4.

Esta sensación de "lento 3 + rápido 3" a 9/8 es exactamente la misma forma en que he internalizado la melodía de **Jeff Beck "Scatterbrain"**. Escuche e intente contar 3/4 + 3/8. Me parece que hace que esta melodía sea MUCHO más fácil de tocar cómodamente. Muchos de ustedes pueden tener una forma diferente de sentir esa melodía, ya que no existe una división clara de los pulsos.

NOTA: Una agrupación típica para 9/8 es en realidad solo tres notas negras con puntillo (como un vals). Si encuentra un gráfico en 9/8, sería más seguro asumir que en realidad lo sentirá en 3/4.

IX Compases irregulares

Vardan Ovsepian, "Dreaming Paris," del álbum *Joy Luck* de **Peter Erskine New Trio**

Esta melodía tiene una forma mucho menos común de frasear 9/8. Vardan ha escrito la línea de bajo como una **agrupación 4 + 5**. Aquí están los primeros cuatro compases de la partitura original de Vardan.

Siento esta melodía en 3/4, pero la forma en que tiende a tocarla, percibo cada octava nota como un tresillo de corchea. En otras palabras, siento cada barra como tres agrupaciones de tresillos de corcheas. Internamente, siento "**uno**, dos y tres".

IX Compases irregulares

Mike Prigodich, "Haiku, " del álbum *Variety Pack Live*

Esta melodía parece ser un oso, pero es sorprendentemente fácil de sentir una vez que la has escuchado una o dos veces. La introducción y conclusión está en forma de haiku (5 + 7 + 5). ¡Lo creas o no, nuestro baterista, Reinhardt Melz, toca solos sobre la conclusión!

Este es un ejemplo de una melodía en la que, al menos para mí, la única forma de tocarla es sentir literalmente cada agrupación como su propia entidad separada. Para pasajes como este, ignoro el compás y simplemente toco la línea, centrándome en el ritmo. Mi pie tiende a tocar solo los tiempos débiles de cada compás, reorientándome en cada tiempo débil de cada barra.

Hay muchos grupos a lo largo de la historia que han explorado el concepto de NO usar barras, solo agrupaciones rítmicas. Echa un vistazo a la **teoría de Dapp** de **Steve Coleman** o **Andy Milne** para escuchar a qué me refiero. También son sorprendentemente funky. **Rich Brown** es un bajista canadiense fantástico que en realidad ha tocado en ambos grupos.

Él me dijo que durante las clases de maestría, alguien siempre le preguntaba: "¿En qué clave de tiempo estaba eso?" A lo que la banda respondería: "¡Nadie lo sabe!" Muchas de las canciones fueron creadas alrededor de un ritmo de batería, que todos internalizaban y luego construían sus ritmos. **Una vez que tienes el concepto, ¡no hay "clave de tiempo impar" más difícil de tocar que cualquier otra!**

Damian Erskine, "Bestowal," del álbum *Live at PSU*

Mi composición "Bestowal" es otro ejemplo de algo que es más fácil de sentir en dos claves de tiempo diferentes, 4/4 y 7/8. No olvide que el 7/8 se cuenta dos veces más rápido que el 4/4, así:

1 2 3 4 1234123

Originalmente escribí esto en 15/8 (tres grupos de 5), pero rápidamente me di cuenta de que realmente no era así como lo sentía. Solo lo había intelectualizado de esa manera antes de terminar la melodía. En realidad, sentía una barra de 4/4 seguida de una barra de 7/8. Casi se siente como dos barras de 4, y la segunda barra se corta cada vez.

Bestowal groove

Esto también podría escribirse como 4 + 4 + 4 + 3 (contando todas las corcheas).

Lo que más me sorprende es lo natural que me parece este ritmo. De hecho, cuando estaba escribiendo canciones para mi próximo álbum (en el que todavía estoy trabajando), tuve que volver a trabajar varios ritmos porque seguía gravitando hacia esta sensación de 15/8.

Si ha escuchado gran parte de mi música o me escuchó tocar en grupos con muchas "tiempos extraños", entonces es posible que haya notado una tendencia (eso es fácil de ver en el ejemplo anterior). Tiendo a evitar tocar los tiempos débiles en cada barra. Para mis oídos, esto ayuda a mantener los ritmos interesantes.

Una vez que tiene el ritmo profundamente internalizado, no es tan difícil expandir su fraseo sobre la línea de compás. ¡Por supuesto, no hay necesidad de exagerar! No lo hago por efecto o para demostrar que puedo, sino porque a menudo suena mejor para mis oídos.

IX — Compases irregulares

Mike Prigodich, "Nigel's Theme," del álbum ***Live at Jimmy Mak's***

Creo que este podría ser un desafío divertido. Proporcionaré el cuadro completo que utilizo para esta canción. "Nigel's Theme" usa 11/8 (piense en la película Spinal Tap si no recuerda la referencia).

Por alguna razón, puedo sentir esto fácilmente casi como si estuviera en 4/4 (... casi). La clave 11/8 generalmente me va bien, pero esta agrupación rítmica particular que ve en la sección **A** simplemente tiene sentido para mis oídos, y mantengo eso durante toda la melodía. También hago un sólo aquí, y ese ritmo está tan arraigado en el oído de mi mente que no se siente más difícil que solo en 4/4 para mí.

Esta agrupación rítmica (como se indica en la melodía de la sección A) es una rápida **3 + 3 + 3 + 2**. Siento cada agrupación de tres como una negra con dos tresillos de semicorcheas rápidas al final. Debido a que siento cada octava nota como un tresillo de corchea, parece una agrupación bastante natural de 3 + 2. De esta manera:

1 2 3 12

El único momento en que esto cambia es durante los golpes en las barras 2 y 3, así como en la coda. Para ellos, simplemente cuento lo que me está diciendo que toque (**1234 1234 123**, por ejemplo).

¡Vea cualquier grabación en línea y vea si puede sentirla como yo!

¡Bienvenido a la vida de un músico de fusión! ;) No hay muchas bandas que le den esto a alguien sin mucho tiempo de preparación. ¡Pero es agradable (y te mantiene trabajando) cuando puedes leer lo suficientemente bien como para pasar por un cuadro como este la primera vez! (Observe la línea al unísono en la parte superior de la tabla. Caso clásico. La línea al unísono está escrita en clave de sol en la tabla de bajos. ¡Gracias, Mike!)

Damian Erskine – "Fif" del álbum, *So To Speak*

Finalmente, aquí hay una última composición mía llamada, "Fif". La gente me pregunta sobre esta canción con frecuencia. Creo que a la mayoría de los oyentes les molesta porque la línea de bajo en la introducción **suena** como notas negras, pero en realidad son tresillos de negra.

Escribí esta canción mientras experimentaba MUCHO con tresillos. Este ritmo surgió mientras tocaba en 5 con un metrónomo. La melodía era una exploración de tresillos y el uso del espacio. Disfruté tocando con las diferentes sensaciones rítmicas y los efectos provocados por la colocación de un descanso. En otras palabras, en lugar de explorar la colocación de notas, estaba explorando la colocación del descanso.

Aquí están el ritmo y la melodía de la sección "a" a "Fif".

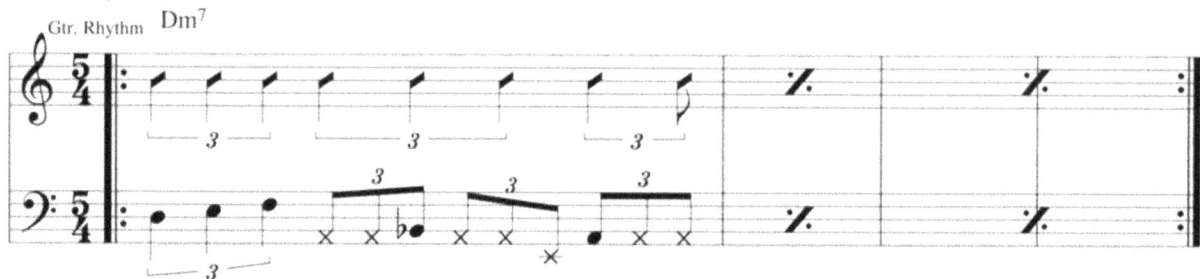

Si escucha alguna grabación de esta melodía, notará que estoy haciendo más con esa línea de bajo de lo que se anota. A menudo lanzo un poco de exploración de subdivisión allí cuando lo siento. Prefiero mantener mis gráficos más fáciles de leer y dejar la interpretación de las líneas a los músicos.

Observe la tercera barra de la melodía. ¿Recuerda nuestra exploración de corcheas y semicorcheas usadas juntas en una frase? Este es un excelente ejemplo. Si ha trabajado diligentemente en la sección rítmica de este libro, debería poder copiar esta melodía con bastante rapidez. Bueno ... OK, no es necesariamente fácil de tocar, pero al menos debería poder entender el concepto. Si tiene problemas, intente tocar el ritmo de una mesa primero. Obtenga el ritmo en su cabeza y luego trabaje para traducirlo en su instrumento. Recuerde sentir cada pulso y no olvide desacelerarlo. Lo llamo "tempo-de-aprenderlo".

Aquí hay una historia relacionada sobre esta sesión de grabación y nuestras conversaciones sobre internalización.El guitarrista de la sesión, Chris Mosley, ¡un músico fantástico que tenía alrededor de 23 años en ese momento!, temía tener que tocar solo esta canción. Por alguna razón, NO podía sentir ese "5". Entonces, al comprender de que necesitaba internalizar 5/4 si alguna vez esperaba tocarla bien, se puso a caminar. Caminaba alrededor de su cuadra, prestando atención a sus pisadas. Se concentró en el ritmo de su cuerpo, tomando nota de cómo podía sentir la necesidad de alternar los pies para mantener el "uno" (si su primer latido cae cuando cae el pie derecho, el siguiente "uno" sucederá a la izquierda pisada). En unas pocas millas, durante unos días, lo tuvo, y cuando tocamos esa melodía en la sesión, CLAVÓ la toma. Nada de sudor, lo tenía. Todo esto fue porque internalizó el ritmo (cinco cuentas) al caminar. No tuvo que tocar o practicar durante horas: caminó y prestó atención a la mecánica de su cuerpo.

Ahora que hemos explorado escalas, modos, escalas de acordes, ritmo y "metros impares", puede ser hora de hacer la pregunta: "¿Cómo puedo convertir esto en música?" *Todavía* estoy tratando de resolverlo y tal vez nunca sienta que tengo la respuesta, pero *he descubierto* una o dos cosas en mi tiempo.

El fraseo y el ritmo son primordiales cuando se trata de improvisación, pero es MUCHO más difícil escribir sobre él. Todos expresan de manera diferente. Todo lo que realmente quiero hacer es mostrarle algunas formas en que puede ampliar su vocabulario rítmico y solidificar su sensación de tiempo. Más allá de eso, depende de usted.

Lo que me gustaría compartir con usted son algunas cosas que he aprendido (o aún estoy trabajando) con respecto a la armonía y cómo tocar con ella cuando improviso en el bajo. Vamos allá.

Armonía + Ritmo = Melodía

Eso es una simplificación excesiva, pero algo sobre esa ecuación simple resuena conmigo. Dice, en los términos más simples posibles, en qué debo seguir trabajando.

Armonía

Desarrollar sus habilidades con respecto al dominio armónico es una búsqueda de toda la vida. Espero que todos continúen explorando la armonía y las innumerables formas en que pueden emplearla para hacer música. Por armonía, estoy hablando principalmente de:

- Comprender y memorizar *todos* los modos: mayor, menor melódico y menor armónico
- Continuar explorando opciones alternativas de acordes / escalas para varios tipos de acordes para que pueda controlar el estado de ánimo de cualquier acorde dado.
- Dominio del instrumento. Espero estar lo suficientemente cómodo con mi instrumento que tocarlo es una segunda naturaleza. Nunca quiero que mi técnica instrumental sea un obstáculo.
- Evolución de mis oídos. La capacidad de usar conceptos armónicos avanzados está limitada principalmente por la capacidad de *escuchar* realmente conceptos avanzados.
- Comprensión de la tensión armónica y la liberación.

Ritmo

El control sobre su ritmo y el desarrollo de su fraseo y vocabulario rítmico es crucial para su evolución. Es lo que puede hacer o deshacer una declaración armónica maravillosamente elaborada. La redacción es TODO, y para desarrollar tu redacción, *debe tener control* sobre tus subdivisiones y habilidades rítmicas. Éstas incluyen:

- Desarrollo de divisiones de tipo nota 8, 16 y 32 (corcheas, semicorcheas y fusas)
- Desarrollo de variaciones de corcheas.
- Exploración de posibilidades polirrítmicas.
- Exploración del uso del espacio.
- Desarrollo de su técnica (¡y la madurez para contenerse!)
- Comprensión de la tensión rítmica y la liberación.

Armonía + Ritmo

Aquí es donde todo nuestro trabajo se une en forma de música. Aquí es donde los grandes se separan del resto de nosotros los mortales.

Muchos aspectos de la armonía y el ritmo pueden ser fácilmente memorizados y perforados en nuestras manos y oídos, con tiempo suficiente en el cobertizo. Sin embargo, nuestros oídos y nuestro gusto (estética musical) nunca dejan de evolucionar y cambiar.

Este último paso, la unión de su desarrollo armónico con su desarrollo rítmico, es el paso más importante de todos. También es un paso diferente para todos. No puedo darle ejercicios que le enseñen cómo hacer la música que quiere hacer. Solo puedo proporcionarle una guía de todo lo que debe saber al hacer esta etapa del viaje. Y, para ser sincero, ¡no estoy seguro de saber la mitad! Sin embargo, creo que he descubierto algunas cosas que han confundido a muchos bajistas que conozco. Estas pueden ser cosas obvias para los pianistas de jazz, pero muchos bajistas parecen haberse quedado fuera de las reuniones secretas. Casi cada vez que hago un nuevo descubrimiento musical, le pido a un amigo del pianista que confirme o aclare mi descubrimiento y a menudo escucho dos cosas.

"Si. ¿No lo sabías? Eso funciona así porque ... "

"Ja! Nunca lo pensé exactamente de esa manera, pero sí, así es exactamente como funciona"

Creo que esto se debe principalmente a nuestro papel en la banda. Los bajistas pasan décadas aprendiendo cómo apoyar la armonía, reforzar el ritmo y mantenerse alejado de los demás mientras contribuyen a la canción. Los trompetistas están desarrollando su sentido de la melodía desde la primera lección ... Ese es su trabajo en la banda: melodías e improvisación. Los primeros pasos de un bajista hacia la improvisación pueden ser difíciles. Tenemos que operar repentinamente bajo un principio diferente y no por nada, ¡pero tenemos que hacerlo sin un bajista que nos apoye armónicamente!

Podría decirse que lo más difícil de aprender para un bajista es cómo alejarse de la raíz en nuestros solos. No quiero decir que no debamos tocar la raíz, pero es nuestra necesidad de basar todo lo que tocamos desde la raíz y resolver en la raíz lo que deja perplejo a la mayoría de los bajistas que primero aprenden a tocar en solitario. Sé que me dejó perplejo durante gran parte de mi vida.

Anteriormente, en el capítulo sobre escalas de acordes, enumeré un puñado de escalas y cómo se aplicaban a ciertos símbolos de acordes. Ahora me gustaría que exploremos cómo podemos operar a partir de notas distintas de la raíz, utilizando diferentes escalas de acordes para reorientar nuestra "base" mental mientras mantenemos la tonalidad adecuada.

NOTA: Aunque es liberador sentirse cómodo con opciones escalares alternativas y raíces alternativas para improvisar, nunca podremos abandonar realmente la armonía real con la que estamos tocndo.

Todavía tenemos que estar atentos a las notas que tocarán lo que toca el pianista o guitarrista, y aún es importante prestar atención a nuestros puntos de resolución. Esto tendrá más sentido una vez que haya explicado algunas opciones.

Si, por ejemplo, estamos tocando un acorde C∆7 y pretendemos que es un G∆7 (explicaré por qué en un minuto), todavía tenemos que resolverlo en relación a Do mayor. Esto se debe a que, independientemente de cómo lo veamos, C mayor es la armonía que realmente estamos tocando. Esto tendrá más sentido a medida que proceda y experimente.

Esta sección tratará principalmente de reorientarse lejos de la raíz, lo que significa que cuando vea un símbolo de acorde, se habrá entrenado para tocar:

- El mismo tipo de escala como si tuviera una raíz diferente.
- Toque una escala de acordes completamente diferente de otra raíz.

Si desea ser realmente libre de improvisar melódicamente sin limitación, debe ser su objetivo poder operar desde cualquier nota en la escala, en cualquier dirección en su diapasón, y estar tan cómodo como lo estaría tocando a una escala mayor. Hay algunos grados de escala que funcionan especialmente bien como punto de partida.

Creo que el rango sonoro y el timbre de nuestro instrumento nos limitan armónicamente. Tenemos un tono grueso y profundo y operamos en el registro inferior del piano. Mencioné esto antes pero quiero reafirmar esta idea. Ciertas notas o patrones melódicos que pueden sonar bien alto en una bocina o en el registro superior del piano pueden no sonar tan bien en el bajo. Los bajistas están demasiado cerca del registro fundamental de la armonía funcional, incluso cuando se juega alto en nuestro diapasón. Creo que esto es cierto (incluso en un bajo de 6 cuerdas, aunque mejora a medida que sube).

En mi experiencia, y como una generalización amplia (siempre hay excepciones a la regla):

- Los primeros 12 trastes son mejor servidos por tonos de acordes con el uso de tonos de paso escalares o cromáticos.
- El registro superior nos abre a un uso más libre de tonos de escala de estructura superior (9, 11 y 13).

Si bien todas las notas pueden y deben usarse en todas partes, la capacidad de aterrizar en un 9 sostenido y enfatizado, por ejemplo, suena más melódico en el registro superior que en el registro inferior, donde puede sonar armónicamente ambiguo y menos melódicamente estable.
Con esto en mente, probaría todas estas cosas en todo el diapasón. Obtenga una idea de cómo suena cada tono de escala contra la raíz en cada registro de su bajo. Me gusta configurar un bucle (loop) y explorar cada nota de la escala cromática en mi diapasón.

Veo mi diapasón como una cuadrícula. Veo escalas y arpegios como formas y patrones. También conozco cada nota en mi diapasón, por lo que puedo ajustar los patrones para que coincidan con la tonalidad. ¡Esto es importante! Debe conocer su diapasón por dentro y por fuera antes de poder tocar libremente. Solo las formas no serán suficientes. Es por eso que el siguiente método funciona para mí. Si tiene una percepción diferente de la tonalidad, el diapasón y las escalas, esto puede o no funcionar para usted. Sin embargo, creo que vale la pena explorarlo porque, como mínimo, ¡puede generar una idea o idea de cómo explorar aún más la tonalidad utilizando su propia metodología!

He descubierto que un buen lugar para comenzar es tocar escalas de acordes sobre los cambios desde el quinto grado de cada acorde. El 5 funciona bien para mí porque hago arpegios un poco cuando improviso, y cuando los hago desde el quinto grado, obtenemos: **5 7 9 11 13 R 3**

Esto significa que cuando tocamos nuestros patrones y formas estándar, ahora es probable que aterricemos en la armonía de la estructura superior en lugar de solo tonos de acordes. También significa que cuando resolvamos a nuestra raíz, en realidad estaremos resolviendo a la 5ta, que generalmente es un sonido bastante consonante, dependiendo del tipo de acorde.

Al explorar estas ideas, toque como lo haría normalmente sobre la escala o el tipo de acorde dados. Manténgalo natural, pero explore lo diferente que puede sonar cuando lo hace desde un grado de escala que no sea la raíz.

En lugar de dividir estos tonos de una escala a la vez, encontrará una tabla de referencia para muchos tipos de acordes y una selección de sustituciones escalares preferidas a continuación. Si elijo un nuevo tipo de raíz y escala que altera el sonido del tipo de acorde original, lo he agregado a la derecha de la tabla.

Mis sustituciones preferidas para varios tipos de acordes

Acorde Orininal	Nueva Raíz	Escala	Cuando se altera, convierte la escala en...
Mayor	5	Mayor	Lydia
Dominante	5	Menor pentatónica	
	5	Dórica	
	5	Melódica menor	Lydia dominante
Menor	5	Menor	Dórica
	♭7	Mayor	Dórica
Medio Disminuida	♭7	Menor	(ø7 con una ♭9)
Una escala pura -7(♭5)	♭5	Lydia	(ø7 con una ♭9)
Con una natural 9 es el	♭3	Melódica menor	(ø7 con una natural 9)
Sexto modo de la	♭7	Mixolydia ♭6	(ø7 con una natural 9)
Melódica menor	♭7	Armónica menor	(♭9, natural 13)

Acorde original	Nueva Raíz	Escala	Cuando se altera, convierte la escala en...
Sus4	Raíz	Mixolydia	
Dominante alterada	Raíz	Mixolydia ♭9, ♭6	Quinto modo de la Armónica menor
Los acordes alterados tienen muchas tensiones disponibles en sí, cada nota está a su alcance. El contexto de la línea que toque es lo que determinará si funciona o no.	Raíz	Disminuida (½ Tono - Tono)	Disminuida (½ Tono - Tono)
	♭6	Mixolydia ♭6	Mixolidia ♭6 es el quinto modo del modo melódico menor. Esta escala, tocada desde la ♭6, alcanza toda las tensiones disponibles.
	Raíz	Superlocria	(Séptimo mode de la melódica menor)
Disminuida	Raíz	Disminuida (Tono - ½ Tono)	Escala simétrica disminuida
Es posible concebir la escala disminuida como solo la escala alterada a partir de ♭9. Esto solo se aplica literalmente a las escalas simétricas disminuidas, pero usando esta lógica, experimente con la escala alterada de su elección, usando la séptima natural como punto de partida. Algunas funcionan mejor que otras. ¡Explore!			
Δ7(#5)	6	Armónica menor	
	6	Melódica menor	Añade #11
-(Δ7)	Raíz	Melódica menor	El uso de la escala armónica o melódica menor es común.
	Raíz	Armónica menor	
	5	Mixolydia ♭6	Melódica menor
	5	Mixolydia ♭9, ♭6	Aarmónica menor
7(#11)	Raíz	Lydia dominante	Estas son todas las variaciones de la armonía melódica menor.
	5	Melódic menor	
	2	Mixolydia ♭6	
7(#5)	Raíz	Whole-tone (Unitónica)	
Sus7(♭9)	♭7	Melódica menor	

Aquí hay algunas cosas a tener en cuenta al decidir sus opciones de escala de acordes (o al construir sus propias escalas de acordes):

- CUALQUIER tensión alterada implica el uso de un #11
- Una #9 implica una ♭9, y viceversa.
- Puede agregar una #11 a cualquier acorde (mayor, dominante, aumentado, etc.) con una 3ra mayor

Si un acorde dominante alterado se escribe con el símbolo "Alt", generalmente se supone que todas las tensiones se alterarán, haciendo de la Super Locria la opción de escala preferida. De lo contrario, use las extensiones anotadas para guiarlo en su elección de la escala de acordes preferida.

Puede romper cualquier regla, pero asegúrese de comprender la regla antes de abandonarla por completo. Al final, se trata de lo que le suene bien, lo que hará que evolucione y cambie como músico. No se atasque demasiado en sus caminos. Siempre explore alternativas a lo que sabe cuando practica. Encuentro útil sacar canciones del Real Book y hacer tablas de estudio de escala a partir de ellas. Tomemos algunas melodías y usemos el cuadro de arriba para marcar algunas opciones escalares.

Nefertiti

(Slow Swing) — Wayne Shorter

4/4 $A\flat_{\Delta 7}$	$D\flat_{\Delta 7}$ ($D\flat_{7sus}$)	$G_{\varnothing 7}$	$C_{7\flat 9}$
$B_{\Delta 7}$	$B_{\Delta 7\sharp 11}$	$B\flat_{\varnothing 7}$	$E\flat_{7\flat 9 \sharp 11}$
$E_{\Delta 7}$	A_{9sus}	$D_{7alt}/B\flat$	$G\flat_{9sus}$
E_{9sus}	$E\flat_{7\sharp 11}$	$B\flat_{-\Delta 7}$	$E\flat_{7\sharp 11}$	

Ab Lydian	Db Lydian	F Aeolian / Bb Melodic min	C Super Locrian / C Mixo b9, b6
B Major	B Lydian	Ab Aeolian	Eb half-whole
E Lydian	E Dorian	Bb Mixolydian b6	Gb Mixolydian
D Lydian	Bb Melodic minor		

NOTA: Si no está seguro de a qué escala me refiero, consulte las hojas de modo mayor, menor melódico y menor armónico en el capítulo "Modos" en la página 10.

Este es un ejemplo de práctica de sustitución de acordes que yo mismo podría hacer. Vea que incluso con acordes similares, podría probar diferentes escalas en diferentes partes de la melodía.

Cuando practico el uso funcional de las escalas de acordes a través de los cambios, encuentro MUY **útil tocar cada canción lentamente, como si fuera una balada.**

Esto me da tiempo para explorar el sonido de la escala sobre el tipo de acorde, y también me anima a tocar melódicamente. Trato de tocar lo mejor que puedo a ritmos muy lentos y luego, incluso cuando se acelera, mis hábitos se inclinan más hacia la melodía que a frasear.

Una excelente manera en la que he encontrado trabajar en la sustitución sin tener que abordar una melodía completa a la vez es hacer un bucle de un solo tipo de acorde a la vez. Podría ser un acorde de bajo, un teclado o un programa de acompañamiento MIDI que solo se amplíe en un tipo de acorde. Uso iReal Pro en todos mis dispositivos iOS, así como en mi computadora, y es fantástico. No solo puede tocar cualquier melodía en cualquier estilo, en cualquier tecla, en cualquier tempo y hacer que le muestre escalas de acordes (y más), sino que iReal Pro le permite crear sus propios gráficos de acordes que funcionan igualmente bien dentro del programa. Tengo bastantes melodías de práctica que son solo un tipo de acorde. Imagine tener una banda MIDI a su disposición que invente en un acorde disminuido hasta que ya no pueda aguantarlo más. Una gran herramienta de práctica!

También puede ser útil simplemente tocar una sola nota (también conocida como drone). Esto le permite explorar todas y cada una de las tonalidades, así como experimentar con la tensión y la liberación utilizando la escala cromática. (La escala cromática es simplemente cada nota, los 12 tonos, en una octava).

A lo mejor se dará cuenta de que es posible tocar una tonalidad en una serie completa de cambios en una melodía y, en algunas melodías, ¡podría tocar una escala en toda la melodía! La simplicidad de esta idea puede atraer a algunos, pero creo que prestar atención a los cambios y hacer uso de los tonos principales realmente pueda ayudar a dar forma a una improvisación. Cada vez que trato de tocar una escala en un conjunto de cambios diatónicos, es mucho más difícil hacer una declaración musical válida. Esto se debe a que no estoy tocando la melodía sino que estoy tocando solo una escala. Preste atención a los cambios. ¡Toca la melodía!

Fraseando, espacios y "pescar"

Le advierto desde ahora del inminente "tocar de manera inapropiada", ya que a medida que se sienta más y más cómodo con todas las notas y escalas disponibles para usted pasará todo su tiempo ejecutando patrones melódicos a través de cambios sin haber trabajado realmente en el fraseo melódico, y se va pasar el tiempo "pescando". Por pescar, quiero decir que puede encontrarse tocando notas sin parar por el diapasón. Es posible que esté logrando cada cambio y fraseando las melodías melódicas menores, pero aún no estará creando música. De hecho, puede estar volviendo locos a todos los demás. Para llevar todo lo que hemos aprendido hasta ahora y convertirlo en música, debemos practicar tocar musicalmente. En su mayor parte, esto implica:

- Usar descansos para crear un diálogo rítmico (es decir, llamada y respuesta, tensión y liberación)
- Tener en cuenta las notas en las que uno aterriza cuando resuelve una línea. El hecho de que lo haya resuelto rítmicamente no significa que lo haya resuelto armónicamente (y viceversa).

• Tocar una melodía "cantable". Esto puede sonar cliché, pero sus oídos saben cómo suena una buena melodía. Por lo general son su cerebro y sus manos las que arruinan las cosas. ¿Ha escuchado a los músicos cantar para sí mismos, ¿verdad? Si lo están haciendo bien, lo más probable es que no estén intentando cantar lo que tocan, ¡están tratando de *tocar lo que cantan*!

Cromatismo

Todavía tenemos que mencionar el cromatismo y cómo puede usarlo para mejorar sus líneas. La mejor manera que he encontrado para practicar el empleo de notas de aproximación cromática es aplicarlas a los ejercicios con los que ya me siento cómodo. Simplemente agregue una (o más) notas con un traste hacia abajo o hacia arriba desde la nota que está a punto de tocar, y tiene una nota de aproximación cromática que conduce a una nota de escala-acordes.

Usemos un arpegio simple como ejemplo. Este es un ejemplo de un arpegio simple C∆7 (1 3 5 7) con tonos de paso cromáticos desde abajo, desde arriba y desde abajo hacia arriba. Muchas personas se refieren a esta técnica como "recinto".

C∆7 arpeggio with chromatic approach notes from below

C∆7 arpeggio with chromatic approach notes from above

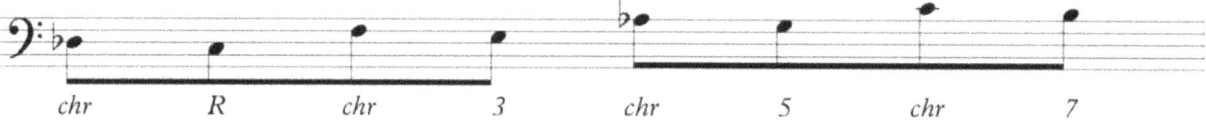

C∆7 arpeggio with chromatic approach notes from below and above

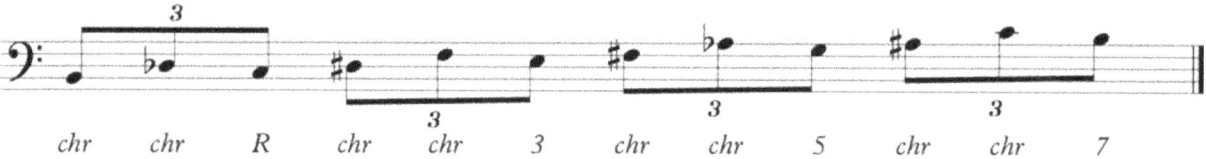

Es fácil escuchar cómo, si se aplica a cualquiera y a todos los ejercicios armónicos anteriores (e internalizados), realmente podemos hacer que sucedan algunas cosas interesantes en nuestras líneas. Estos son especialmente útiles al crear líneas de bajo para caminar, conectar acordes y simplemente navegar desde el punto "A" al punto "B" en una improvisación.

Este solo fue grabado antes de que comenzara a alejarme de la armonía de la escala mayor. Pensé que podría ser interesante si le daba una idea de lo que estaba pasando por mi cabeza mientras la tocaba.

Something I Said
(Bass Solo)

As played by Damian Erskine on the Peter Erskine New Trio album "Joy Luck"
Song by Vardan Ovsepian

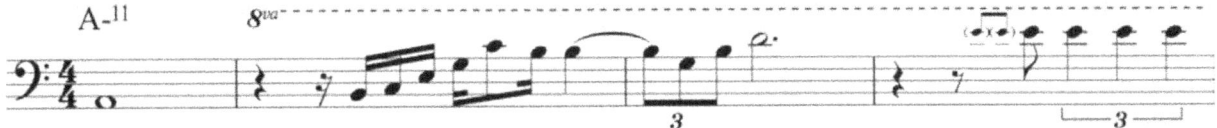

Esta es otra hoja de práctica de la escala de acordes para la canción de Wayne Shorter **"Nefertiti"**.

Nefertiti
(Chord-Scale Study)

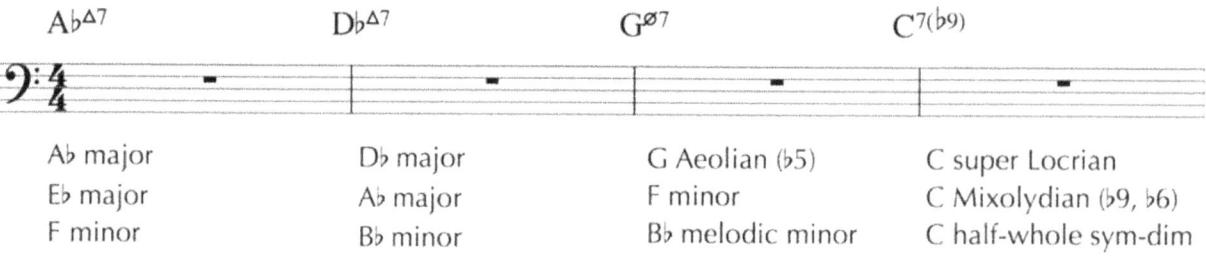

Ab^Δ7	Db^Δ7	G^ø7	C^7(b9)
Ab major	Db major	G Aeolian (b5)	C super Locrian
Eb major	Ab major	F minor	C Mixolydian (b9, b6)
F minor	Bb minor	Bb melodic minor	C half-whole sym-dim

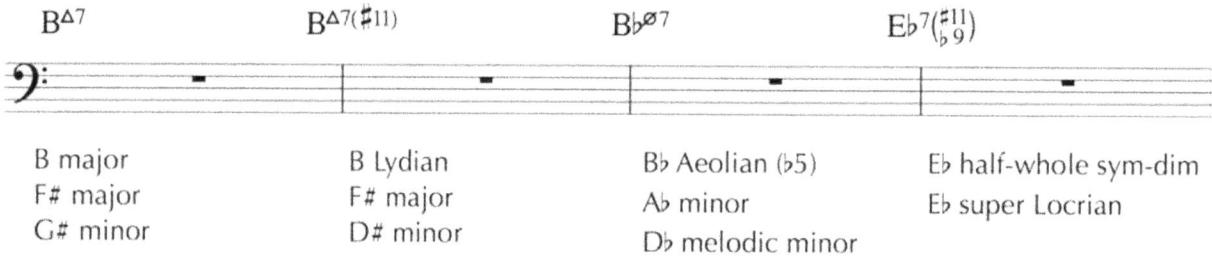

B^Δ7	B^Δ7(#11)	Bb^ø7	Eb^7(#11, b9)
B major	B Lydian	Bb Aeolian (b5)	Eb half-whole sym-dim
F# major	F# major	Ab minor	Eb super Locrian
G# minor	D# minor	Db melodic minor	

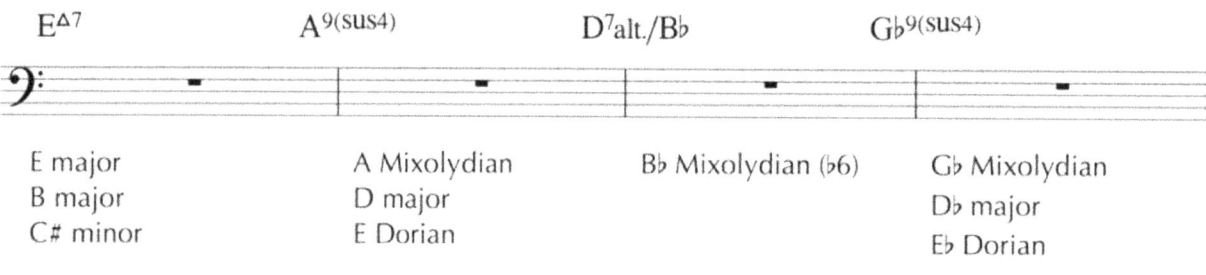

E^Δ7	A^9(sus4)	D^7alt./Bb	Gb^9(sus4)
E major	A Mixolydian	Bb Mixolydian (b6)	Gb Mixolydian
B major	D major		Db major
C# minor	E Dorian		Eb Dorian

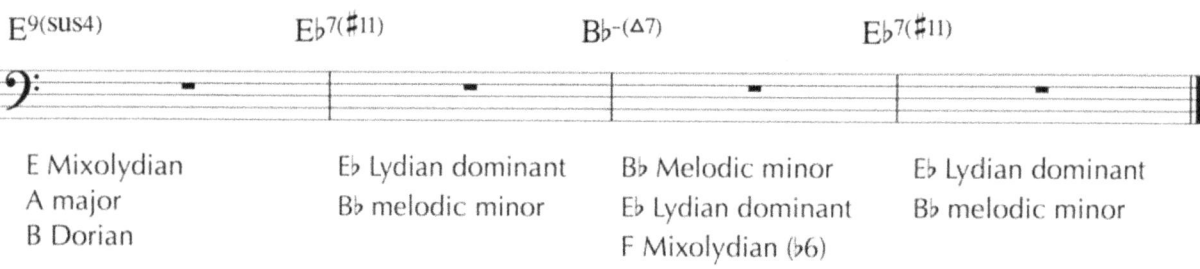

E^9(sus4)	Eb^7(#11)	Bb^-(Δ7)	Eb^7(#11)
E Mixolydian	Eb Lydian dominant	Bb Melodic minor	Eb Lydian dominant
A major	Bb melodic minor	Eb Lydian dominant	Bb melodic minor
B Dorian		F Mixolydian (b6)	

Melodía

Si se pregunta cómo improvisar melódicamente, no lo piense demasiado. Ya sabes qué tipo de melodías le gusta escuchar, así que es más una cuestión de poder:

- Escúchese objetivamente mientras toca.
- Conozca su instrumento lo suficientemente bien como para reaccionar adecuadamente cuando escuche algo
- Comprenda la estructura de la música lo suficientemente bien como para ayudarlo a comprender qué es lo que está escuchando

Escuchar y transcribir ayudan mucho a internalizar la melodía. Siempre debe buscar música nueva para inspirar su creatividad, y depende de usted gastar la energía para comprender esa música. La transcripción es una parte enorme de eso. No es necesario que transcriba solos completos o un álbum completo, aunque eso es fantástico, no hay nada de malo en elegir fraseos, fragmentos de líneas de bajo o incluso solo el ritmo de una línea. Es la emoción y la energía, y explorar la música en casi cualquier forma, lo que le ayuda a aprender. Algunos trabajos son más productivos que otros, por supuesto, pero adopto el mismo enfoque para trabajar en la música que muchas personas toman al ir al gimnasio: No se preocupe por todo lo que debería hacer o lo difícil que será, ¡solo vaya y haga algo! El resto sucederá una vez que dé ese primer paso. Mientras esté trabajando y esté abierto al descubrimiento, estará aprendiendo. No hay una forma correcta o incorrecta de aprender. Sin embargo, hay formas más efectivas y eficientes de aprender, por lo que es mejor que trabaje de manera inteligente. En definitiva, lo importante es que esté trabajando en algo.

Hace años, recibí el mejor consejo del profesor de Berklee Bruce Gertz hace años. Cuando le pregunté cómo tocar melódicamente, dejó caer el Real book en mi atril y me dijo: "Escrito para su placer de lectura, hay unos cientos de las mejores melodías jamás escritas". Si no lee o si simplemente odia los estándares de jazz (está bien, no estás solo), aprende CUALQUIER melodía que te guste. ¿Prefieres Stevie Wonder? Fantástico. Elige tu melodía de Stevie favorita y aprende de oído. Cree un buen fraseo en una clave que le guste. Aprenda a expresarlo exactamente como Stevie lo canta o lo toca. Este trabajo solo puede mejorar sus oídos y la conexión a su instrumento.

Tocando "más allá de los límites"

Uno de los conceptos más abstractos con los que luché y sigo explorando es cómo tocar fuera de los cambios y hacer que suene bien. Lo que he descubierto es esto: ¡El contexto lo es todo, y tiene enfocarse en la conclusión! Tenemos la mejor oportunidad de tocar con éxito "afuera" si:

1) Comience una línea desde un lugar de consonancia (dentro de los cambios)
2) Toque cualquier patrón que tenga su propio contexto (una forma que se mueve de forma periódica, tiene su propio sonido o armonía, y tiene algún tipo de sentido musical por sí solo)
3) Resuelva la línea dentro de la tonalidad apropiada

El contexto es crucial. Con el fin de tener esa calidad de oído que todos reconocemos, no puede ser al azar. Mientras lo que toquemos tenga su propio contexto cuando esté fuera de los cambios, nuestro oído reconocerá una estructura y la aceptará como válida. Esta es también la razón por la que debemos volver a entrar en la armonía "interior" y resolverla. Si simplemente abandonamos la resolución, puede sonar incompleta para el oído. La línea exterior que tocamos realmente no golpea al oyente en el pecho hasta que se hace funcionar como una declaración en la armonía. En otras palabras, generalmente no es hasta que se llega a la conclusión que todo se junta y se convierte en una declaración musical completa.

Cada uno tiene un umbral diferente para lo que suena adentro versus afuera. En otras palabras, todos tenemos diferentes tolerancias para la tensión musical. Esto significa que es posible que no todos estén de acuerdo con mi evaluación. A algunos de ustedes les puede gustar el sonido de una tensión no resuelta, ¡lo cual está muy bien! Debe usar su propio sentido de la estética auditiva. Sea su propio juez, sólo asegúrese de juzgarse de manera justa (creo que tendemos a ser los más indulgentes con nosotros mismos).

Me he encontrado con una gran cantidad de estudiantes que han utilizado el enfoque de "no hay notas equivocadas" como una excusa para dejar de trabajar en la comprensión de cómo usar la armonía para crear grandes líneas, en su lugar, tocan notas al azar. Estos estudiantes también tienden a sentirse frustrados porque no pueden hacer que todo "funcione" y las personas generalmente no responden a su manera de tocar. Algunos estudiantes tampoco se han escuchado realmente en el contexto de la banda.

Grabar sesiones de práctica, ensayos, conciertos y sesiones improvisadas es clave para el desarrollo. DEBE sentarse y evaluar su estilo y opciones usando sus oídos, no su cabeza. En este momento, puede ser fácil intelectualizar lo que estamos tocando y solo juzgarlo por lo bien que ejecutamos nuestra idea, abandonando por completo la musicalidad porque tocamos esa sustitución, la tocamos rápido y la clavamos. Sorprendentemente, cuando escucho grabaciones con ellos, se estremecen cuando escuchan cómo tocan con la banda. Esto no se debe a que no estén tocando ideas válidas o porque se perdieron en la forma, sino porque en realidad no estaban escuchando la música que estaban creando cuando la estaban haciendo.

Escuche la música que esté creando con los demás como si estuviera en la audiencia. Escuche objetivamente e intente reaccionar a la música de forma natural desde un lugar de escucha. ¿Qué quiere escuchar en esta canción? No conteste esa pregunta como bajista en la audiencia con la esperanza de ser cautivado por las habilidades y la velocidad. Escuche como un amante de la música que quiere escuchar una gran banda.

Cuando se trata practicar, algunos de nosotros somos mejores que otros para maximizar nuestro tiempo. Como he dicho, pasar tiempo tocando, es mejor que nada, pero para comenzar a llegar a donde le gustaría ir y llegar más rápido, debe trabajar de manera inteligente y ardua.

El mayor error que cometen la mayoría de los estudiantes es pasar la mayor parte de su tiempo de práctica tocando cosas que suenan bien. Esta es mi regla: si suena bien, realmente no está practicando. Se debe dedicar tiempo productivo a practicar lo que nos desafía. A nadie le gusta sonar mal, incluso cuando está practicando. ¡Tenemos que superar esa necesidad de tocar las notas correctas cuando practicamos, porque **es cuando estamos luchando y trabajando en un problema que realmente estamos aprendiendo!** Pablo Picasso dijo una vez: "Solo hago lo que no puedo hacer, para que algún día pueda hacerlo.

No hay nada de malo en tocar lo que le gusta y en los ejercicios de refuerzo que ya sabe hacer. Esto es productivo, divertido y útil con respecto a continuar conectándose con su instrumento y su música. Sin embargo, esta no es la forma más eficiente de practicar. Personalmente, separo las dos actividades en mi mente. Cuando tengo ganas de tocar solo por tocar, hago eso. Me encanta divertirme con la música y mi bajo. Sin embargo, cuando llega el momento de practicar en serio y ponerse a trabajar, me pongo a pensar metódicamente, e inmediatamente empiezo a priorizar y evaluar mis debilidades y tratar de abordarlas de frente.

Lo que sigue será un cuadro que puede usar para ayudarle a desarrollar desafíos cuando practique. Me resulta útil elegir tantas variables como pueda (¡pero no más!) Y pasar 30 minutos seguidos trabajando en cualquier colección de restricciones armónicas, rítmicas o técnicas que establezca para mí.

Tabla variable de Práctica maestra:

Elija un conjunto de cambios de acordes	Esto suele ser una melodía del *Real Book*.
Elija un dispositivo rítmico	... como octavos, dieciseisavos o tríos de cualquier tipo; cualquier subdivisión.
Elija un dispositivo armónico	... como arpegios, escalas de acordes o tríadas de estructura superior. Elija cualquiera de los ejercicios en este libro (y haga el suyo)
Elija una digitación	...como la alternancia estricta de dos o tres dedos; pruebe cualquier combinación de dedos para su mano derecha
Elija una restricción de diapasón	...como un lapso de 4 trastes sobre todas las cuerdas o cinco trastes sobre dos cuerdas. Simplemente elija una restricción de traste y elija cuántas cuerdas usará. ¡A veces, trato de ejecutar estos ejercicios en una sola cuerda!
Elige una posición de diapasón	Esto Le obliga a abandonar tu zona de confort. Si ya tiene los primeros cinco trastes, por ejemplo, obliga a jugar solo en los trastes 5-10.
Elija un compás	¡Por ejemplo, no siempre tiene que tocar "Stella" en 4/4!

Usando este cuadro como guía, puede crear fácilmente ejercicios para toda la vida para desafiarlo de muchas maneras. Recuerde, puede elegir tantas o tan pocas de estas variables como sea necesario para desafiar a sí mismo. En última instancia, intentaría abordar 3-5 a la vez. Si realmente quiere desafiarse a sí mismo, ¡pueden elegir las siete variables!

XII   *Otros Cosillas*

Este capítulo incluirá algunas cosas que quería mencionar.

Acordes partidos

Encontrará acordes partidos mientras ojea el Real Book. También verá algunos ejemplos en los cuadros de acordes de práctica que se proporcionan en el siguiente capítulo. Hay dos tipos de acordes partidos.

C∆7/E • Este tipo de acordes partidos significa que mientras la banda tocará la nota más alta (un acorde CMaj7), el bajista tocará una E. Esto generalmente es para facilitar un movimiento raíz específico, o simplemente para asegurar que el sonido y la función de el acorde se ve claramente cuando lo toca alguien que solo está leyendo la tabla.

Como bajistas, nuestro trabajo es aterrizar en esa nota de fondo. Sin embargo, al elegir las notas para tocar que no son de raíz, debemos prestar atención a la calidad de los acordes colocados por encima de nuestra raíz. Por ejemplo, si uno toca un patrón típico de "raíz / 5" de la E, uno debe ser consciente de que "5", B, sería el séptimo del acorde que todos los demás están tocando.

$\frac{C}{E}$ • Este es un tipo menos común de barra diagonal. Incluso si no hay símbolos de acordes, un apilamiento vertical nos dice que estos son dos tipos de acordes completos apilados uno encima del otro. Esto significa que, para un pianista, tocarían un acorde Emin7 con la mano izquierda y un acorde CMaj7 con la derecha. Tiendo a adherirme a la calidad de acorde más baja cuando toco el bajo, pero puedo cambiar a la calidad de acorde más alta cuando toco solo.

Algunos ejemplos de melodías que incluyen acordes de barra son
"Falling Grace" y "Waltz for Debby".

Encuentre su voz

A menudo me preguntan cómo los músicos pueden descubrir su voz con su instrumento. Esta es una de las preguntas más difíciles de contestar, ya que no es un tarea básica a conseguir. No puede simplemente hacer un ejercicio o leer un libro y desarrollar una voz única en el instrumento. En mi mente, hay MUCHOS factores. Aquí están mis pensamientos sobre algunos de ellos.

1) **Fisiología** Todo el mundo está construido de manera diferente. Nuestros dedos tienen forma y curva diferentes, con diferentes grados de carnoso. Todo el mundo tiene un cuerpo de diferente forma, que determina cómo el instrumento se pone contra su cuerpo o cuelga de él. Las notas individuales de ejecutante individuales son como copos de nieve, nadie será exactamente igual. Esto es lo que más afectará a como sonará cuando toque su instrumento. Esto ni siquiera tiene en cuenta lo duro o suave que toque, dónde le gusta colocar las manos, o hacia qué tono gravita.

2) **Usted es el instrumento, no su bajo**. Este es un concepto multifacético. Escuché por primera vez al gran pianista de jazz **Hal Galper** hablar de esto y resonó conmigo. La idea general es que cuando estás tocando música, no es el instrumento el que dicta qué y cómo tocas, sino su capacidad para escuchar la música que quiere tocar lo que dicta su capacidad de tocar bien. Si no puede oírlo, no puede tocarlo. Hal habló con más elocuencia de lo que yo podría, pero me gustaría exponer esta idea un poco.

Había una cosa que Hal no mencionó en el clip que vi (aunque imagino que no fue tanto un descuido como una asunción de competencia por parte de los estudiantes). Es cierto que cuando un maestro toca su instrumento, la música proviene de él, no del instrumento.

Pero siento la necesidad de asegurarme de que entendamos que se requiere un cierto nivel de **dominio sobre su instrumento, así como sobre la armonía y el ritmo**, antes de que funcione de esta manera. Para escuchar, sentir e interpretar música libremente y realmente tocar lo que escucha, primero DEBE eliminar los obstáculos, lo que implica el dominio sobre esos tres elementos.

Esto también se relaciona con la conversación anterior sobre sus oídos y su capacidad de escuchar armonía y ritmo. Cuanto más expuestos estamos a conceptos avanzados de cualquier tipo, más los entendemos internamente. Asumiendo que sus habilidades en el instrumento facilitan la ejecución, si puede sentirlo y escucharlo, puede tocarlo.

Esto es exactamente por lo que me esfuerzo por tener más técnica, comprensión de la armonía y control del ritmo de lo que realmente podría necesitar en el concierto. Nunca quiero que el instrumento o mi comprensión de la armonía se interpongan en mi habilidad para hacer buena música.

XII

La gran lista de melodías

Aquí hay una lista de canciones de la que mis alumnos trabajan en la Universidad Estatal de Portland. Esto no incluye todas las melodías que podemos reproducir, y ciertamente no contiene todas las melodías que debería ver. Es solo una guía para ponerlo en marcha. Algunos de mis favoritos están en **negrita.**

"All Blues"
"All of Me"
"All the Things You Are"
"Alone Together"
"Anthropology"
"Autumn Leaves"
"Beautiful Love"
"Billie's Bounce"
"Black Orpheus"
"Blue Bossa"
"Blue In Green"
"Blue Monk"
"Blue Train"
"Bluesette"
"Body and Soul"
"But Not for Me"
"Bye Bye Blackbird"
"Cantaloupe Island"
"Cherokee"
"Confirmation"
"Cool Blues"
"Corcovado," aka "Quiet Nights of Quiet Stars"
"Countdown"
"Days of Wine and Roses"
"Do Nothing Til You Hear From Me"
"Don't Get Around Much Anymore"
"Donna Lee"
"Doxy"

"East of the Sun"
"Falling Grace"
"Fly Me to the Moon"
"Footprints"
"Four"
"Freddie Freeloader"
"Gentle Rain"
"Georgia on My Mind"
"Giant Steps"
"Girl From Ipanema"
"Groovin' High
"Have You Met Miss Jones"
"How High the Moon/ Ornithology"
"How Insensitive"
"I Got Rhythm"
"I Remember You"
"I'll Remember April"
"Impressions"
"In a Mellow Tone"
"Inner Urge"
"It Could Happen to You"
"Just Friends"
"Lady Be Good"
"Lady Bird"
"Laura"
"Lester Leaps In"
"Like Someone in Love"
"Misty"

"Mr. PC"
"Moose the Mooche"
"My Little Suede Shoes"
"Nefertiti"
"Night and Day"
"Night in Tunisia"
"Now's The Time"
"On Green Dolphin Street"
"Once I Loved"
"One Note Samba"
"Out of Nowhere"
"Pennies from Heaven"
"Perdido"
"Poinciana"
"Recordame" (aka "No Me Esqueca")
"Round Midnight"
"Samba de Orfeu"
"Satin Doll"
"Scrapple From the Apple"
"September Song"
"Shiny Stockings"
"So Danco Samba"
"So What"
"Softly As In a Morning Sunrise"
"Solar"
"Some Day My Prince Will Come"
"Song for My Father"
"St. Thomas"
"Star Eyes"
"Stella by Starlight"
"Stolen Moments"
"Straight, No Chaser"
"Sugar"
"Summertime"

"Sweet Georgia Brown"
"Take Five"
"Take the 'A' Train"
"Tangerine"
"Tenor Madness"
"The Theme"
"There Is No Greater Love"
"There Will Never Be Another You"
"Tune-Up"
"Watermelon Man"
"Wave"
"What is This Thing Called Love"
"Willow Weep for Me"
"Work Song"
"Yardbird Suite"
"Yesterday"

XIII Tablas de Acordes

Estas son algunas tablas con acordes para que pueda comenzar si aún no posee un *Libro Real* (¡consiga uno!).

Beautiful Love
(Medium Swing) — Victor Young

A
| $E_{ø7}$ | A_{7b9} | $D-$ | D_7 / |
| G_{-7} | C_7 | $F_{\Delta 7}$ | $E_{ø7}\ A_{7b9}$ |

B 1.
| $D-$ | G_{-7} | B^b_7 | A_{7b9} |
| $D-$ | $G_{7\#11}$ | $E_{ø7}$ | A_{7b9} |

C 2.
| $D-$ | G_{-7} | B^b_7 | A_{7b9} |
| $D-\ B_7$ | $B^b_{7\#11}\ A_{7b9}$ | $D-$ | / |

Stella By Starlight

(Medium Swing) — Victor Young

A

$E^{\o7}$	A_{7b9}	C_{-7}	F_7
F_{-7}	$B\flat_7$	$E\flat_{\Delta 7}$	$A\flat_7$
$B\flat_{\Delta 7}$	$E^{\o7}\ A_{7b9}\ D_{-7}$		$B\flat_{-7}\ E\flat_7$
$F_{\Delta 7}$	$G_{-7}\ C_7$ / $E^{\o7}$	$A^{\o7}$ / $E\flat_{\Delta 7\sharp 11}$	D_{7b9} ‖

B

| G_{7b13} | ∕. | C_{-7} | ∕. |
| $A\flat_{7\sharp 11}$ | ∕. | $B\flat_{\Delta 7}$ | ∕. ‖

C

| $E^{\o7}$ | A_{7b9} | $D^{\o7}$ | G_{7b9} |
| $C^{\o7}$ | F_{7b9} | $B\flat_{\Delta 7}$ | ∕. ‖

Bluesette

(Waltz) — Toots Thielemans

$\frac{3}{4}$ $B\flat_{\Delta 7}$	./.	$A_{\emptyset 7}$	$D_{7\flat 9}$
G_{-7}	$C_{7\flat 9}$	F_{-7}	$B\flat_{7}$
$E\flat_{\Delta 7}$	./.	$E\flat_{-7}$	$A\flat_{7}$
$D\flat_{\Delta 7}$	./.	$C\sharp_{-7}$	$F\sharp_{7}$
$B_{\Delta 7}$	./.	C_{-7}	F_{7}
D_{-7}	G_{7}	C_{-7}	F_{7} ‖

Inner Urge

(Up Tempo Swing) — Joe Henderson

A

$\frac{4}{4}$ F#ø7	%.	%.	%.
F△7#11	%.	%.	%.
E♭△7#11	%.	%.	%.
D♭△7#11	%.	%.	%.
E△7#11	D♭△7#11	D△7#11	B△7#11
C△7	A△7	B♭7	G△7

Nefertiti

(Slow Swing) — Wayne Shorter

	D^{b}_{7sus}		
$4/4$ ‖ $A^{b}_{\Delta 7}$	$D^{b}_{\Delta 7}$	$G_{\varnothing 7}$	C_{7b9}
$B_{\Delta 7}$	$B_{\Delta 7\#11}$	$B^{b}_{\varnothing 7}$	$E^{b}_{7b9\#11}$
$E_{\Delta 7}$	A_{9sus}	D_{7alt}/B^{b}	G^{b}_{9sus}
E_{9sus}	$E^{b}_{7\#11}$	$B^{b}_{-\Delta 7}$	$E^{b}_{7\#11}$ ‖

Round Midnight

(Ballad) — Thelonious Monk

$\frac{4}{4}$ ‖ $A_{ø7}$ | $D_{7\#9}$ | $G_{ø7}$ | $C_{7\#9}$ |

| $F_{ø7}$ | $B^{b}_{7\#9}$ | E^{b}_{-7} A^{b}_{7} D^{b}_{7} | G^{b}_{7} B_{7} $B^{b}_{7\#5}$ ‖

A 𝄋

| E^{b}_{-7} E^{b}_{-7}/D^{b} | C_{o7} $A^{b}_{-7} D^{b}_{7}$ | $C_{ø7}$ E^{b}_{-6} | $B_{-7} E_{7}$ $B^{b}_{-7} E^{b}_{7}$ |

| A^{b}_{-7} D^{b}_{7} | E^{b}_{-7} A^{b}_{7} |

1. | $C_{ø}$ $B_{7\#11}$ | B^{b}_{7} |

2. | $C_{ø}$ B_{7} B^{b}_{7sus} | E^{b}_{6} ‖

Fine

B | $C_{ø7}$ $B_{7\#11}$ $B^{b}_{7\#11}$ | $C_{ø7}$ $B_{7\#11}$ $B^{b}_{7\#11}$ |

| A^{b}_{-7} $F_{-7} B^{b}_{7}$ | $C_{ø7}$ F_{7} | D^{b}_{9} (B^{b}_{-7} E^{b}_{7} $A^{b}_{-7} D^{b}_{7}$) B_{9} ($F^{\#}_{-7} B_{7}$) | A^{b}_{-7} $F_{-7} B^{b}_{7}$ ‖

D.S. al 2nd ending

⊕ | $C_{ø7}$ F_{7} | $C_{ø7}$ F_{7} | $F^{\#}_{-7}$ B_{7} | $F^{\#}_{-7}$ B_{7} |

| B_{-7} E_{7} | F_{-7} B^{b}_{7} | E^{b} A^{b} D^{b} G^{b} | $B^{b}_{7{\flat}9{\flat}5}$ $E^{b}_{\Delta7\#11}$ ‖

Solar

(Medium Swing) — Miles Davis

| $\frac{4}{4}$ C-Δ7 | ./. | G-7 | C7 |
| F Δ7 | ./. | F-7 | B♭7 |
| E♭Δ7 | E♭-7 A♭7 | D♭Δ7 | Dø7 G7♭9 ‖

Esas son algunas de mis canciones favoritas para tocar y cada una me desafía de una forma u otra.

NoTreble.com

Hay una última cosa que me gustaría agregar para su lectura. He sido escritor colaborador y columnista en NoTreble.com durante algunos años. Me enorgullece formar parte de su equipo porque actualmente considero que **NoTreble.com** es uno de los sitios web más informativos para bajistas.

Los lectores escriben y me hacen preguntas, lo cual me encanta porque los lectores me hacen pensar en cosas que generalmente no se me habrían ocurrido; al menos, sus preguntas me ayudan a entender algo familiar desde una perspectiva diferente.

De los más de 200 artículos que he escrito, he incluido una amplia selección aquí, sin ningún orden en particular. Espero que descubras algo útil.

Bass vs. Guitar: El debate de las 6 cuerdas

Pregunta: Lo digo de la manera más respetuosa, pero cuando escucho a bajistas de seis cuerdas que tocan muchos acordes y solo, no puedo evitar preguntarme por qué no solo tocan la guitarra.

Respuesta: He escuchado esta pregunta antes, gracias por hacerla respetuosamente. Soy un músico de 6 cuerdas, así que compartiré mis puntos de vista sobre el tema.
Muchos de nosotros que progresamos tocando acordes y solos comenzamos con el bajo, no con la guitarra. Así que ese es nuestro instrumento, ahí es donde está nuestra zona de confort, y eso es lo que nos encanta tocar.

Al principio, usaba acordes y solos principalmente como un medio para practicar conceptos armónicos de una manera nueva. Simplemente estaba tratando de ampliar mi vocabulario en el instrumento. Cambiar a una sexta cuerda mientras estaba en la universidad hizo que fuera más divertido tocar, así que realmente me metí en eso.

A un nivel básico, no debería abordar la música pensando si funciona mejor con una guitarra o no. Siempre hago que mis estudiantes trabajen los acordes en cada inversión sobre los cambios de jazz, aunque no aspiren a ser bajistas de jazz. Es simplemente una excelente manera de ampliar su capacidad de ver las notas en el diapasón. Eso, junto con los conceptos y exploraciones solistas, realmente puede expandir su concepto armónico y, por lo tanto, agregar a sus líneas de bajo, así como a su solo.

El aprendizaje de los acordes, la voz principal y las diferentes formas de navegar los cambios realmente pueden ayudarle a ver cómo los acordes se relacionan entre sí y le ayuda a no tratar cada acorde como una nueva tonalidad sino, más bien, como una variación de la tonalidad actual.

La clave real es el gusto y la moderación, que es, ciertamente, donde algunas personas se tropiezan cuando tocan un bajo de 6 cuerdas. Cuando toco el bajo, toco el bajo. Diría que tienes que resistir el impulso de tocar acordes por todas partes, saltar alto y ponerte "notorio" solo porque puedes.

Explorar estas cosas le ayuda a uno a crecer musicalmente, pero también tiene que desarrollar la madurez para no usar nada cuando no es necesario.

He dicho esto antes, pero lo tomo como un punto de orgullo cuando estoy grabando una pista de bajo y el productor o ingeniero no tiene idea de que puedo hacer las otras cosas hasta que me escuchen tocar por mi cuenta. Cuando toco el bajo, quiero ser el mejor *bajista* que pueda ser. También toco muchos conciertos de jazz, y ese escenario exige que tenga que hacer un solo. Cuando lo hago, quiero tocar en solitario como un trompetista o guitarrista, no un bajista (orientado a la raíz). Eso solo puede suceder si pasas mucho tiempo explorando el proceso de solos, la melodía, etc.

Mejorando su lectura visual en el escenario

Pregunta: *Estoy en el punto donde estoy manejando mejor las partituras de liderazgo en los conciertos, pero a veces me pierdo y / o adivino, lo que generalmente me lleva a perderme aúm más. ¿Tienes algún consejo para convertirte en un buen lector visual?*

Respuesta: La lectura de gráficos de acordes, y especialmente la notación escrita, es una de las herramientas más útiles que usted desarrollará como bajista en activo. Esto es imprescindible para cualquier músico de jazz. Yendo más allá de lo obvio -- aprendiendo las notas en el pentagrama, entendiendo completamente los símbolos de los acordes y sus significados, etc.-- hay algunas cosas que puede hacer para ayudarle cuando le entreguen una nueva partitura:

1) Cree un "mapa de ruta". Lo primero que debe hacer cuando le entregan una nueva pieza musical en un concierto o ensayo es descubrir la estructura de la melodía. Escanéela de principio a fin, tomando nota de cualquier signo de repetición, como "DC" (volver al principio), "DS" (volver al DS), "coda" (generalmente ocurre después de un "DC" o "DS", en cuyo punto saltaría de un signo a otro, lo que a menudo lleva al final del gráfico). No se agobie demasiado: no desea escanear frenéticamente la página, porque perderá su enfoque. Simplemente si hace una nota mental y es más probable que evite errores. Siempre lleve marcadores/rotuladores, Sharpies, bolígrafos y lápices en su bolsa de trabajo, para que pueda escribir pequeñas señales, guías, o simplemente resaltar las repeticiones y codas y similares, para que se destaquen mejor.

2) Busque los pasajes difíciles. Las líneas rápidas o los ritmos difíciles pueden hacerle tropezar si no está preparado para ellos. Dedique unos minutos a resolverlos en su cabeza o en silencio con su instrumento le ahorrará dolores de cabeza en el futuro.

3) Mire hacia adelante mientras está leyendo. Un buen lector moverá constantemente sus ojos hacia adelante y hacia atrás un poco para poder planificar con anticipación lo que vendrá. Si puede mantener su cerebro unas barras por delante de sus dedos, estará en mejor forma. Esto tardará en desarrollarse, pero vendrá con la práctica.

4) Manténgase relajado. No se ponga nervioso o ansioso por la melodía. Solo preste atención y concéntrese, y no olvide que está haciendo música, lo que me lleva a lo último que le debo recordar ...

5) Escuche. Está haciendo música, no solo leyendo puntos en una página. Toque con sentimiento. Articule, exprese y sienta la música que está haciendo. Si solo está tocando las notas correctas en el momento correcto, pero no estás tocando con la musicalidad, todo es inútil. Escuche cómo suena cada sección de la música. Esto es útil si se pierdes. Si conoce la diferencia en la forma en que suenan "a", "b" y "c" (o verso, coro y puente) y permanece concentrado, para cuando la banda llegue a la siguiente sección, debería ser capaz de volver fácilmente a ella.

No tenga miedo de recostarte o, al menos, bajar el volumen y tocar menos si no está en el lugar correcto. Es mejor obtener una ambigüedad armónica, un diseño completo o mantenerlo súper simple que tocar notas equivocadas después de notas equivocadas con la esperanza de encontrar la correcta. Relájese, escuche la música y vuelva a la partitura si se pierde. Le pasa a todo el mundo.

Si estás perdido, una excelente manera de encontrar su lugar es mirar el ritmo de la melodía escrita. Si está leyendo una hoja principal (acordes y melodía escrita en la melodía), siempre debe poder hacer referencia a la melodía de la canción, al menos puede mirar al ritmo de la melodía

Hacer referencia a la melodía también es una gran herramienta para tocar solos. Poder leer la clave del sol bien le ayuda a tocar mejores solos durante melodías desconocidas porque puede usar una combinación de la melodía escrita y su conocimiento de los acordes escritos para crear un solo realmente agradable sin siquiera saber realmente la melodía.

Lo principal a tener en cuenta al comenzar a aprender a leer es que lleva tiempo desarrollarlo. También es una habilidad de tipo "úsalo o piérdelo", lo que significa que se desarrollará mucho más rápido si usted lee un poco todos los días. Siga así y las recompensas serán geniales en el escenario de música.

Esos momentos "¡Ajá!"

Pregunta: *¿Cuáles fueron algunos de los avances o momentos "ajá" en tu bajo? Específicamente, ¿cuáles son algunas de las cosas que has aprendido que desbloquearon un mayor nivel de conocimiento y técnica?*

Respuesta: Esa es una pregunta interesante ... y la respuesta tiende a ser diferente para todos. Todos aprenden de manera diferente y es probable que tengan diferentes epifanías y realizaciones de muchas maneras. Solo ha habido un momento que se destaca como un momento de "ajá" y tiene más que ver con el tocar y tener perspectiva basados en el miedo.

Hasta que llegué a mis veinte años, era un baterista que tocaba el bajo. Cuando cambié de especialización en Berklee de Drum Performance a Bass Performance, fue emocionante y aterrador. Tenía cierta destreza, conocía mis escalas y podía leer bien, pero nunca había tocado el bajo con otras personas. Fue algo que hice en mi habitación desde que tenía unos seis años, menos un descanso de siete años cuando me puse muy serio con mi batería. No conocía los cambios de blues, no sabía cómo desarrollar mis propias líneas, navegar por las tablas de acordes ... No sabía nada más que leer transcripciones y tocar junto con las grabaciones.

Debido a este enfoque (algo al revés) para aprender a ser un buen bajista, desarrollé el miedo a estropear la armonía, algo de lo que nunca tuve que preocuparme como baterista de metal, así como el miedo a los solos malos y no cortarlo de cualquier manera. Esto me motivó a trabajar duro, pero desafortunadamente, el miedo nunca desapareció, incluso después de que había dejado mi trabajo diario y era un "músico a tiempo completo".

Mi momento "¡ajá!" sucedió mientras tocaba en un trío en un restaurante en Lake Oswego, Oregon hace solo ocho o nueve años. Ese momento fue lo que elevó mi interpretación de "bueno" a "guau", realmente tiene algo especial —la mayoría de las veces, de todos modos— en los ojos y oídos de mis compañeros.

Pasé el primer set sintiéndome bien con mis líneas para caminar, pero con cada solo (y había un solo en casi cada melodía), no pude evitar sentirme cohibido e hiperconsciente del hecho de que este jazz tradicional: a) no era mi primer idioma y; b) era algo que sonaba mejor en un bajo vertical y no en un bajo eléctrico de 6 cuerdas. Sentía que estaba usando la herramienta incorrecta para el trabajo, y como resultado, odiaba cada cosa que tocaba. Al final del primer set, estaba abatido, enojado y sintiéndome como un mal músico.

Durante el descanso, me senté solo en el bar tomando una Coca-Cola (no bebo alcohol), golpeándome y mirando a mi alrededor, cuando de repente, tuve un pensamiento que decía algo como esto: "Espera ... estoy sentado aquí en un pequeño restaurante italiano, tocando estándares para un grupo de personas que están más interesadas en su pasta mediocre, golpeándome porque no puedo tocar como Christian McBride. ¿Quién dijo que necesito tocar como Christian McBride aquí? Simplemente deja de ser un crío neurótico e hiperconsciente y diviértete. ¡A nadie le importa! Es solo música ... ¿cuál es el problema? Haz lo tuyo con las melodías y que les den si no les gusta. ¡Sé tú mismo y diviértete!"

Lo parafraseo, pero ese fue lo que me cambió. Me di cuenta de que estaba tocando música con gente que se estaba divirtiendo, y lo único que me impedía disfrutarla era una extraña expectativa que me ponía yo mismo: sonar como alguien más.

Además de ser considerado "bueno" cuando a la gente le gusta, la música no tiene reglas, por lo que es mejor que te diviertas con ella. Ciertamente, no podría ser peor que lo que estaba haciendo con la música en ese momento.

Así que el segundo set fue una revelación musical para mí. Abandoné el "piensa como un jazzista, piensa como un jazzista, toca una línea de bebop, ¿qué tocaría un trompetista aquí? Maldición, comencé ese lick desde la raíz otra vez ... ¡Soy un solista malísimo!" Menuda tortura a la que me estaba sometiendo. Simplemente dije: "¡Toca con esos cambios y diviértete! Recorre esos cambios y toca con lo que te viene a la mente. Ahora llévalo a donde sientas que va. ¿Estoy abandonando esos cambios? Eh, a quién le importa, solo resuélvelo en el próximo sistema. ¡Oh bien! ¡Eso fue realmente genial!"

El segundo set sonó inmensamente mejor para mis oídos, y en realidad terminé recibiendo grandes elogios de los otros chicos del grupo. No por mi solo de Chris Potter, sino porque estaba tocando con intención e intensidad e interpretando la música en ese momento. Me estaba divirtiendo y haciendo música. No estaba tratando de tocarla.

A veces sigue siendo una lucha, pero a partir de ese momento, soné mejor y toqué mejor simplemente porque puse todo lo que tenía en hacer música e interactuar con ella en lugar de intentar tocar lo que creo que la gente quiere escuchar. Es asombroso, de verdad. Tan pronto como dejé de preocuparme por la impresión que la gente tenía de mí como un "jazzista" y comencé a tocar la música lo mejor que pude, de la manera que lo hice, inmediatamente me convertí en un "jazzista" infinitamente mejor.

Ahora, esto no es una invitación a ponerse demasiado "tonto" o abandonar los cambios. He conocido a muchos músicos que toman demasiado en serio "no hay notas equivocadas". ¡Todavía tiene que tocar la melodía y hacerla sonar bien! No es una excusa para dejar de trabajar en su capacidad de tocar sobre los cambios, sino más bien una invitación para explorar más a fondo lo que tiene que decir sobre esos cambios, independientemente de lo que otros hayan dicho antes. El mundo ya ha escuchado a Coltrane tocar sobre "Giant Steps", entonces, ¿por qué molestarse en tratar de recrearlo? Puede ser un buen ejercicio durante la práctica, y es un enfoque desafiante, pero al final, la gente quiere escuchar su interpretación de la melodía. Si tengo ganas de tocar un solo rítmico, lo hago. Siga su corazón y sus oídos y la música generalmente saldrá por sí sola.

Claro, a veces algo puede no funcionar, pero la gente aún aprecia la intención. Un ejemplo más reciente proviene de un concierto que tuve en un gran festival de jazz con algunos chicos con los que no había tocado en mucho tiempo. También hubo un invitado especial y un baterista sustituto en la banda que no estaba tan familiarizado con el material. El sonido era malo y la mayoría de nosotros no podía escuchar al resto de la banda. Según mis estándares, el tipo de concierto apestaba. No toqué tan bien como quería, y hubo mucha falta de comunicación en el escenario. Se escucharon melodías que nunca.

había escuchado (sin gráficos), y me fui molesto y desanimado porque no había tocado mejor. Me entristeció que toqué mal para los muchachos en el escenario, porque les tengo mucho respeto.

Esperé un poco y luego escribí un correo electrónico para disculparme con el líder de la banda, sin excusas, por no tocar tan bien como había querido. Esta fue su respuesta:

"Hombre, olvídalo. fue un concierto difícil y no lo habíamos tenido en mucho tiempo. ¡Siempre me encantará tocar contigo porque siempre estás en el momento y tocas con tanta convicción! Siempre es un placer ".

¡De eso se trata, mis amigos!

Audiciones

Pregunta: *¡Tengo una audición por venir y realmente quiero impresionar! ¿Tiene algún consejo?*

Respuesta: ¡Seguro! Aquí hay algunas cosas a tener en cuenta. Se tomará tiempo de su día para prepararse y hacer una audición, estos muchachos se tomarán el tiempo de escuchar y jugar con un grupo de tíos todo el día, muchos de los cuales nunca volverán a ver. Es una tarea tediosa y ardua (¡especialmente para la banda!), Así que, en un esfuerzo por no perder el tiempo de nadie, hacer tu tarea, y concretarla.

Recientemente audicioné para una banda de pop local que siempre he cavado realmente llamada Intervision. Ya me conocían y yo conocía a algunos de los muchachos, pero no quería disimularlo y dejar algo menos que una impresión estelar. En otras palabras, no quería perder su tiempo simplemente apareciendo y atascándome después de que me hubieran dado una lista de canciones para preparar. ¡Tienes que saber que lo sabes todo y que puedes tocarlo tan bien que sería una tontería *no* contratarte!

Aquí hay algunas cosas que hacer:
1) **Si es posible, ¡memorice la música!** Esto realmente impresiona a la banda y también facilita poder tocarla de manera convincente. Obviamente, para memorizarlo, tendrá que tocar cada canción una y otra vez para que realmente la internalice. Para ese entonces, ¡ya la estará tocando a la perfección!
2) **Sea consciente de cómo se viste**. Aunque sea un ensayo informal, no entre como si acabara de trabajar en su jardín. Hasta cierto punto, debe mirar la parte. Quiero decir, no se vista como la banda New York Dolls a menos que realmente lo desee, pero si se trata de una orquesta o un combo de jazz, entre vestido como profesional. Si es una banda independiente, manténgase informal (pero use esa camisa realmente genial que la gente siempre comenta). Si es una banda de

1) metal, póngase algo un poco agresivo. Ya se habrá dado cuenta de lo que quiero decir: Quiere sonar y parecer que pertenece a esa banda.

2) **¡Asegúrese de tener el equipo correcto!** Lo más probable es que todos estén audicionando a través del mismo equipo para mantener las cosas rápidas y sin dolor para los otros candidatos, pero asegúrese de tener todo lo que necesita. Si está esperando afuera de antemano, afine su bajo. Si su bajo tiene una batería, por ejemplo, asegúrese de que esté fresca.

3) **Antes de comenzar a tocar realmente, tómese un momento y asegúrese de que su sonido sea el correcto**. Esto es especialmente importante si estás tocando con el equipo de otra persona. No quiere pasar ajustándolo por 10 minutos (eso solo molestará a las personas), pero tómese unos segundos adicionales y asegúrese de que suena como si quisiera sonar.

4) **No intente impresionar a todos con nada más que su habilidad para tocar el bajo**. Si toca demasiadas notas e intenta impresionar a las personas con sus habilidades, no lo llamarán. Lo mejor es elegir uno o dos lugares y poner un buen frase allí, pero erre por tocar menos. Si quieren escucharle tocar un solo, le preguntarán.

Eso es todo. Conozca su material por dentro y por fuera, toque como un bajista de sesión, parezca que pertenece, sea genial y humilde. Hágales saber a estas personas que puede jugar, que es fácil trabajar con usted, que es amigable y que es profesional en todos los sentidos y que es probable que entre.

Más allá del guerrero del fin de semana

Pregunta: *Quería saber si tienes algún consejo para músicos como yo que aún trabajan a tiempo completo, de 9 a 5 puestos de trabajo, pero que finalmente quieren tocar profesionalmente. Mi objetivo es ser músico de sesión, sideman y profesor, pero las oportunidades son más difíciles de conseguir y tengo problemas para poner el pie en la puerta.*

Respuesta: ¡La música es un negocio duro! Mucho de lo que seguirá de manera realista depende de su nivel de habilidad, nivel de independencia de otras personas (familia, trabajos, etc.), dónde vive y cuánto tiempo necesita dormir.
Incluso para un desempleado con todo el tiempo en el mundo y que también es un gran músico, no es fácil entrar en"la escena". El boca a boca es la forma en que la mayoría de los músicos encuentran a otros músicos, y si no estás trabajando con músicos, ¿cómo sabrán de usted? En primer lugar, asegúrese de que sus habilidades para producir música, leer e improvisar estén en orden. El uno por ciento mejores músicos siempre parece tener al menos el 50 por ciento del trabajo en la mayoría de las ciudades. Así que hay mucha competencia, incluso para los peores conciertos.

Aquí está la clave: ¡Sea visto y (eventualmente) escuchado! Necesita ser reconocido como una figura o rostro familiar, así que:

• Vaya a los conciertos de los tipos a los que aspira tocar y preséntese.
• Ir a las sesiones jam. Muchas ciudades tienen una cada noche en algún lugar. ¡Vaya a todos! Toque allí. Si puede tocar bien, los mejores músicos se reunirán con usted para ver con quién está tocando y si está disponible para trabajar.
• Tenga un CD para regalar a las personas con las que quiere tocar. Puede ser una demostración o una grabación de un concierto en vivo, siempre y cuando sea de buena calidad. No se preocupe por venderlos, en esta etapa, ese no es el punto. Mi primer CD fue como una tarjeta profesional que decía "Déjeme dejar algo con usted que no apeste ... por favor, contráteme". (Anuncio desvergonzado: ese CD es "Trios", disponible en CDBaby, en iTunes y en otras tiendas).
• Cálmese, pero no tenga miedo. Muchos músicos se han metido en la industria o la escena caminando directamente hacia el músico con el que querían tocar y diciendo: "Soy _____. Soy un gran músico, estoy sobrio y quiero tocar con usted. Aquí hay un CD y mi número de teléfono. Espero saber de usted si le gusta". Si uno no pide, nunca recibirá. Simplemente no sea raro al respecto.
• No se preocupe por ganar dinero al principio (más fácil para usted, ya que tiene un trabajo de 9-5). Tomar cada concierto que reciba, aunque no sea uno bueno. Nunca se sabe quién puede caminar por el bar y escuchar a un gran bajista y pedir una tarjeta, independientemente de lo buena o no que sea la banda.
En pocas palabras, debe estar donde está sucediendo la música de la que quiera formar parte.

Si puede tocar y no es difícil llevarse bien con usted, entonces comenzará a trabajar. Esto lleva más tiempo de lo que uno quisiera, pero eventualmente sucederá. La tenacidad es la clave para todas las cosas que quiera en la vida. Practique mucho, toque cada nota como si fuera la nota que ha estado esperando para tocar toda su vida y salga y conozca gente. Incluso las superestrellas se ponen contentos de conocer a nuevos buenos músicos y les encantan darles una oportunidad, si es que pueden esperar. Así que solo salga y hágase conocer!

Bajos caros: ¿Merecen la pena?

Pregunta: *Veo que muchas personas gastan miles de dólares en bajos hechos a mano, pero muchas de las grabaciones que escucho tienen una P o J-Bass estándar. ¿Qué hay en estos bajos de alta gama que tanto "vale la pena" para tantos?*

Respuesta: ¡Hay muchas respuestas posibles a esta pregunta!

Para algunos, es simplemente una cuestión de belleza, individualismo o incluso simplemente ego. Para muchos otros, sin embargo, es una parte de la búsqueda para encontrar ese instrumento que realmente les habla. (Estoy en el último grupo). Si bien un bajo que podría pasar como una hermosa obra de arte o artesanía es algo maravilloso, honestamente no me importa como se ve, siempre que tenga ganas de tocar y me ayude a que la música suene bien.

Mi primera inmersión en el mercado de bajos hechos a mano comenzó porque simplemente no pude encontrar el instrumento con el que realmente me sentía satisfecho al 110 por ciento. Incluso hasta el día de hoy, de la media docena de bajos que tengo (y los dos o tres que uso regularmente), en realidad solo amo uno de ellos.

Tampoco es necesario que esté hecho a mano para que me guste. Una vez me enamoré de un bajo vintage (un Fender Jazz del '67), pero me hubiera costado unos 7.000 dólares comprarlo, y no los tenía. Para mí, la cantidad de dinero que gastaría en el instrumento perfecto solo está limitada por lo que tengo en mi cuenta bancaria. Honestamente, habría pagado un millón de dólares por ese bajo y el equipo perfecto, si hubiera tenido el dinero para hacerlo. No se puede poner una etiqueta de precio en el tono, en especial a esa combinación perfecta de tono y sensación.

Supongo que la mayoría de los bajistas (los coleccionistas no cuentan) simplemente están buscando el bajo que les emocione tocar y el bajo que les de esa sonrisa cuando uno toca la primera nota.

Para muchos, eso significa tener un instrumento creado a la medida y tener a alguien que (usted espera) entienda lo que está buscando en su sonido y en sus manos.

Siempre hay gente que comprará una Fodera solo porque Víctor lo toca. Muchos de ellos también encontrarán la felicidad ese instrumento. ¡No hay nada de malo en eso! Tenía un Fodera y fue fantástico ... pero no se ajustaba ni a mis manos y ni a mi cuerpo como yo quería, así que lo vendí en un año. Estoy seguro de que si hubiera comprado dos o tres más, lo habría encontrado al final, pero eso me habría costado una pequeña fortuna. Tuve la suerte de encontrar a un fabricante de instrumentos, un luthier, que se tomó el tiempo de entender realmente lo que quería; incluso vino a un concierto para escuchar mi sonido, y tocó mis bajos para sentir cómo los había configurado. Terminó encontrándome un bajo que estaba muy cerca de lo que quería desde el principio. Después de encontrarlo, lo desarmó y lo volvió a armar completamente alterando algunas cosas en base a mis comentarios. Tuve suerte y encontré a la persona que me entendía musicalmente. Ahora, cualquier nuevo bajo que he construido es el resultado de una necesidad musical específica.

En muchos sentidos, el mercado vintage está en realidad más inflado que el mercado de construcción personalizada. Cierta competencia robusta evita que los trabajos personalizados se alejen demasiado de un rango de precios realista.

Hay tantas razones para comprar como para comprar un par de zapatos. Algunos de nosotros haremos que uno o dos pares funcionen para todo, y algunos de nosotros necesitamos un par para cada ocasión (y algunos solo porque son geniales). No envidio las razones de nadie para comprar equipo. Me alegro de que a la gente le apasione la música y, sobre todo, el amor cuando apoyan a compañías independientes.

Sea lo que sea, si un Squier le gusta más que el bajo personalizado de $13,000 de su amigo, tóquelo y disfrútelo el resto de su vida y ame cada segundo que pase con él. Nada importa siempre que se sienta bien con la música y el equipo que use para crearla.

Naturaleza competitiva

Pregunta: **Soy un bajista muy joven que toca en una banda con otros músicos jóvenes. Tengo un problema con el respeto y la competitividad. La mayoría de mis compañeros de banda dicen que soy el mejor músico entre ellos. Nuestro guitarrista asume que es el mejor músico de la banda, aunque su conocimiento de la teoría no está ahí. ¿Cómo puedo hacer que escuche más sin que nuestras sesiones de práctica sean incómodas?**

Respuesta: Me he encontrado con preguntas como esta, generalmente de músicos más jóvenes, que preguntan cómo manejar las actitudes con respecto a la habilidad, el rango percibido, los egos inflados, etc. Hay muchas cosas que me vienen a la mente cuando pienso en esta pregunta. Estas son las ideas más importantes:

1) ¡La música no es una competición!
2) No se puede vencer un ego con otro ego.

Lo primero que sugeriría es hacer que todos sepan (por ejemplo, durante un conflicto durante el ensayo) que cada miembro tiene sus fortalezas y debilidades y, en este caso (cualquiera que sea el caso), creo firmemente que su sugerencia puede ser la correcta. Ofrezca probarlo de ambas maneras, y luego llegue a un acuerdo en grupo qué idea funciona mejor musicalmente.

No importa quién sabe más o quién sabe menos. Todos sabemos algo que alguien no sabe y viceversa. Todos somos mejores que alguien en nuestro instrumento y siempre habrá alguien mejor que nosotros. Una vez que llegue a los niveles superiores de habilidad y aprenda a hablar con su propia voz, todo es cuestión de estilo y gusto, de todos modos. En un grupo no hay quien sea "mejor".

Ser consciente de este hecho puede liberarlo y proveerle de una actitud más generosa y, a su vez, liderar con el ejemplo. No se sienta desafiado por alguien que necesita alardear o jactarse de lo que sabe, de quién sabe o de lo que ha hecho. Siéntase libre de hacer cualquier nota mental sobre la persona que desea ... solo guárdelos para usted. Confíe en mí, así es más fácil. Simplemente sé amable y generoso.

Si su guitarrista le desafía durante los ensayos sobre teoría, trate de no discutir con él. Simplemente deje que la música decida qué funciona mejor (o busque en Google la pregunta y resuélvala de manera concreta). Haga lo que haga, no desperdicie energía discutiendo sobre quién es mejor o quién sabe más. La música no tiene nada que ver con eso.

Si el problema es que su guitarrista piensa que es un músico estelar cuando simplemente no lo es, nunca lo convencerá de que no es muy bueno. Necesita descubrir eso por su cuenta. Grabe un ensayo y envíelo a todos para que lo escuchen. Sugiera que todos tomen notas sobre lo que creen que puede mejorar o lo que no funciona. Tal vez, si el guitarrista se escucha a sí mismo objetivamente, escuchará lo que usted está escuchando en su interpretación. Si aún está convencido de que se él lo está haciendo bien y que usted está loco por pensar de otra manera, es posible que usted sea demasiado crítico, o él delira y que no puede escuchar la música como él lo hace. Lo más probable es que sea muy inseguro y tenga dificultades para admitir cualquier tipo de déficit. No hay mucho que pueda hacer en ninguno de esos casos, pero trate de fomentar su desarrollo, a menos que esté siendo crítico, en cuyo caso diría que necesita mantener su ego intacto y relajarse. No sea pesado con los demás por no estar a su nivel.

No importa en qué nivel se encuentre alguien, cada gran músico ha estado allí en un momento u otro. La música es un camino sin fin, por lo que lo único que podemos hacer es fomentar nuestros talentos y ayudar a quienes nos rodean a fomentar los suyos. De esa manera, todos ganamos, y la comunidad musical es más fuerte por ello.

Conectando con el baterista

Pregunta: Me he encontrado en una situación en la que no puedo establecer una conexión musical con mi batería. Han pasado tres meses de ensayos, pero no me siento cómodo tocando, la sección de ritmo sufre, y no suena bien. En mis otras bandas, la gran comunicación no verbal se produjo justo después de uno o dos ensayos. Me doy cuenta de que también soy responsable. Espero que me puedas dar algún consejo.

Respuesta: En resumen, la comunicación es clave y la honestidad es la mejor política.

Suponiendo que él esté tan preocupado por hacer buena música como usted, probablemente él esté notando lo mismo y estaría dispuesto a hablar sobre ello. No culpe y sea respetuoso, por supuesto, y solo hágalo de una manera amable. Dígale exactamente cómo se siente, y que quiere sentirse más conectado, musicalmente y que quiere que todo se sienta más natural.

Como dijo, puede llevar más tiempo tocar juntos. Pero trate esto como una oportunidad para que ambos crezcan y aprendan el uno del otro. Incluso podrían reunirse (solo ustedes dos) para tocar, practicar y tener sesiones de música. Trabajen en algunas melodías por diversión. Eso realmente ayuda a sentir a a otra persona musicalmente. Hable de música, toque melodías y ritmos que cada uno de ustedes ame. Escuchar las influencias de un músico y a quién están tratando de emular puede realmente ayudar a escuchar de dónde vienen.

Sea abierto y tenga una conversación no amenazadora al servicio de la música. Si encuentra que el baterista no tiene una mentalidad abierta o es inseguro, podría ser difícil. Sin embargo, siempre que venga de un lugar de integridad y honestidad artística, ¿cómo es posible que no estén abiertos a trabajar con usted en ello?

Consistencia

Pregunta: Parece que tengo un problema con la consistencia. *Parece que soy capaz de juntar ciertos licks y líneas cuando practico, pero siempre se rompe cuando realmente estoy tocando con la banda. ¿Algún truco para desarrollar consistencia?*

Respuesta: ¿Trucos? No, pero tengo algunas ideas.

1) El contexto es importante. Me di cuenta después de que algo similar a lo que está describiendo me sucedió en un concierto. Había estado trabajando en un patrón de la mano derecha, y en mi práctica, me salía muy bien, sin embargo cuando traté de usarlo en un sólo durante el concierto no pude replicarlo. ¿Cuál fue el problema?
El problema era que solo había practicado el patrón de una manera (solo con un par de notas, de ida y vuelta) y pensé que lo tenía. La realidad era que solo lo tenía si estaba tocando el mismo patrón armónico. Tan pronto como eso cambió, no pude transcribirlo.

Es por esto por lo que siempre soy muy consciente del contexto musical cuando practico algo. Ya sea una técnica armónica o un técnica pura, el contexto siempre es importante. De hecho, así es como llegué a practicar los arpegios en varias inversiones sobre los cambios de acordes. Pensé que la mejor manera de prepararme para cualquier cosa armónicamente, con respecto a mi patrón o lick, era practicarlo con varias melodías en el Real Book, usando arpegios como mi guía. Esto le obliga a uno a saltar cuerdas, moverse y cambiar posiciones en el diapasón. Esto es especialmente cierto cuando uno comienza a mezclar y combinar sus inversiones y patrones armónicos. Si puede modificar su lick para que se ajuste a los cambios y moverlos alrededor del diapasón al ritmo de la melodía, es probable que lo encuentre en el concierto la próxima vez que lo intente.

2) Toque despacio para ir más rápido. He dicho esto antes: veo a demasiados estudiantes que tratan de tocar realmente rápido, porque quieren que se sepa que pueden, pero lo que tocan no está conectado, bien el contenido armónico es aleatorio y / o sus manos no están realmente sincronizadas. A menudo, se trata de mucho ruido pero el sonido que sale suena embarrado.

Para que la velocidad tenga un impacto, se debe ser precisa. Un auto de carreras sin dirección inevitablemente chocará si va demasiado rápido. Para practicar la precisión, debemos desacelerar y tocar las líneas y patrones a un ritmo que nos permita tocar correctamente.

A menudo, elijo una melodía desafiante (por ejemplo, "Freedom Jazz Dance", "Got A Match" o "España") y cuando trabajo en esa melodía, solo la toco a un ritmo que me permita articular cada nota correcta y limpiamente. Una vez que puedo hacer esas dos cosas, gradualmente aumento mi metrónomo, con unos pocos clics a la vez, hasta que tengo problemas para reproducirlo. Luego me quedo en ese lugar o lo anoto y la trabajo con ese nuevo ritmo hasta que pueda volver a tocar de forma limpia unas cuantas veces seguidas. Luego, repetiré el proceso hasta que la pieza esté a la altura del ritmo y suene de la forma que yo quiero.

3) Practique los licks entre los cambios. Si se trata de un problema en el que está trabajando, no hay razón para no intentar exponerlo modificando un poco la armonía. Por ejemplo, si tiene un buen lick de una escala menor, intente tocarlo con todos los demás tipos de acordes (modifique las notas apropiadas para que se adapte a la nueva armonía, no toque solo el mismo lick). Esto realmente ayuda a expandir su capacidad para tocar sobre diferentes tipos de acordes, y también le brinda más vocabulario sobre los cambios; Comenzará a ver cómo esos licks funcionan en esos cambios.

Pruebe esto con cada tipo de acorde que pueda imaginar. También expandirá su capacidad de pensar en los cambios. Al igual que con la mayoría de las cosas, no se trata tanto de la práctica, sino de la práctica inteligente y eficiente. Si practica con inteligencia, puede obtener más de una hora de lo que otros podrían obtener de las tres horas.

Haga un buen uso de su tiempo y nunca tome un atajo. Solo se está perdiendo en el proceso. Vaya despacio y trabaje de forma metódica, ¡y al final se verá recompensado!

Creando líneas de bajo

Pregunta: *Estoy luchando con el proceso de crear líneas de bajo. ¿Qué consejo me darías para construir líneas?*

Respuesta: Esta es otra pregunta que explorar en los comentarios, ya que probablemente todos tienen algo único en su mente cuando desarrollan una línea de bajo.

Para empezar, gran parte de lo que cree debe basarse en su entorno: el sonido de la sala, la energía de la banda, el estilo de la canción, etc. Sin embargo, es posible que descubra que tiene una línea que toca en una canción específica cada vez, independientemente de las influencias externas, o que la modifique ligeramente todas las noches por muchas razones. Así que no hay una "fórmula" real aquí, aparte de las ideas centrales de tocar el bajo discutidas en esta columna a lo largo de los años.

La lista comienza con lo que podría sonar como un cliché, pero es el núcleo: ¡Sirva la canción!

Preocúpese menos por crear una gran línea de bajos o la línea más moderna del mundo y simplemente concéntrese en tocar lo que querría escuchar allí si estuviera escuchando en la audiencia o en su auto (y no como un entusiasta del bajo, sino como un amante de la música). Lo más simple suele ser lo mejor.

Esto puede cambiar un poco, por supuesto, dependiendo del estilo de música que esté tocando. Pero incluso en un festival de improvisación de los grupos de fusión, una línea de bajo sólida puede contrastar el resto de las notas con bastante eficacia. A menudo encuentro que si el baterista y / o el bajista simplifican su música mientras el resto de la banda está "shredding", es mucho más escuchable. Si todos están tocando solos o "shredding" todo el tiempo, es probable que el público no puedan aguantar más que unas pocas melodías. Si es música intrínsecamente ocupada, no solo se vuelva loco, considere el contraste que puede tener su línea con lo que está sucediendo ... Pero no siempre. Alternativamente, una línea ligeramente más transitada puede contrastar positivamente la música muy simple. Todo se reduce al gusto. No conozco a una persona que haya escuchado "Dry Cleaner From From Des Moines" de Joni Mitchell y que haya dicho: "Hombre ... si solo Jaco se hubiera enfriado, esa pista habría sido genial". Jaco es un buen ejemplo de un músico que realmente sabe cómo encajar la línea del bajo, incluso cuando estaba tocando muchas notas. Siempre tiene que tocar con gusto y tener cuidado de no pisar los zapatos de la gente, hablando musicalmente.

¡Toque con sentimiento! Somos bajistas. El tiempo y la sensación tienen que venir primero, luego las notas. Una nota tocada con una sensación impecable se sentirá mejor que el más moderno de los fraseos diseminado a lo largo de tu línea. Consiga que las cabezas del público suban y bajen, básicamente. Aquí hay cosas que me han servido bien, ya sea en el escenario, en el estudio o en el ensayo:

- ¿Cómo se siente la línea en contra de lo que todos los demás están haciendo? Mis prioridades son el baterista, el vocalista y el instrumento armónico principal (como la guitarra o el piano).
- ¿La cantidad de información armónica que estoy agregando ayuda o perjudica la melodía y la vibra? ¿Estás tocando las raíces y los tonos de los acordes o la armonía de la estructura superior? Decida y luego vaya allí.
- ¿Es mi ego el que está tocando o mi corazón?
- Deje espacio para crecer. Hoy en día, trato tocar en vivo como cuando toco en mi estudio. Para mi esto significa "encajar lo que toque en la melodía y dejar algo de espacio".

Si estamos hablando de opciones de notas, es bueno entender realmente los acordes y cómo están construidos, pero probablemente sea más importante explorar por completo lo que otros han hecho antes de usted y elegir las cosas que le gustan de los bajistas que disfruta escuchar.

Cuando aprendemos a hablar un idioma por primera vez, aprendemos hablando con otros y emulando lo que hacen. Si escuchamos una palabra que nos gusta o una frase que expresa bien un pensamiento, tendemos a aguzar nuestros oídos y tomar nota de ello, o pedir que se repita y practicar su uso para incorporarlo en nuestros vocabularios. La música es igual.

Algunos estudiantes han dicho que no quieren transcribir porque no quieren que suene como nadie más. Temen que si pasan tiempo tratando de copiar los licks, las líneas o el estilo de juego de alguien, nunca desarrollarán su propia voz. Eso, por supuesto, es un completamente absurdo. Debemos aprender lo que otros han hecho antes que nosotros para desarrollar nuestro propio vocabulario. Ayuda a comprender mejor nuestro instrumento, la forma de un sonido, el enfoque de una línea y nos ayuda a definir lo que nos gusta y no nos gusta, otra parte del desarrollo de nuestra propia voz.

Uno puede tocar de una manera única, pero es raro que alguien desarrolle una voz única que la gente quiera escuchar sin haber aprendido un montón de canciones y sin haber explorado a otros músicos que nos gustan y emular ciertas cosas sobre su estilo. Nuestra voz musical generalmente nos llega lentamente y (generalmente) solo a través de la exploración exhaustiva de nuestros instrumentos y cómo tocarlos bien.

En cuanto al tipo de nota que elegir, esta es mi lista:

- No tema la nota raíz, ese es nuestro trabajo. Estamos allí para definir el fundamento de la armonía que ocurre a nuestro alrededor (las raíces del acorde) y a ayudar con el ritmo. Somos el puente entre el baterista y el resto de la banda. No intente ser un guitarrista o pianista a menos que sea por una razón muy específica e intencional.
- No tema la nota negra, la blanca o la redonda. Tenga cuidado de subdividir en exceso. A veces, tiene un efecto realmente genial, pero siempre pregúntese si lo que está haciendo ayuda o lastima la canción. Si la multitud, el líder de la banda y sus compañeros de banda adoran una melodía similar a la de Rocco o Jaco, entonces hágalo. Pero si hace que la canción sea difícil de bailar o estorba a los demás, no es bueno, no importa lo genial que piense que sonó. No sea esa persona, deje su ego en la puerta.
- Elimine la repetición. Si una línea se siente muy repetitiva, considere otros tonos principales para moverse entre acordes. Por ejemplo, use la 3ra al moverse hacia el acorde IV puede ser muy bueno y, especialmente si se usa con moderación y con intención, nunca se sentirá exagerado o fuera de lugar.
- Añada un poco de color. Si quiero colorear un acorde o agregar un poco de sabor a una línea, considero usar otras notas de la escala de acorde y posiblemente, algunos enfoques cromáticos. Mi proceso de pensamiento podría ser algo así como: "Mmm ... ¿qué pasaría si tocara un enfoque cromático de tres notas al ♭7 en ese acorde dominante, hiciera lo mismo un cuarto más bajo y luego aterrizara en la raíz del siguiente acorde? La simetría de la línea podría ser genial, y las notas deberían ser lo suficientemente buenas ". Y luego lo intentaré. Si me gusta, lo recuerdo y tal vez escoja un lugar aquí y allá. Si no me gusta, recordaré no volver a hacerlo.
- Sea valiente. Nunca tenga miedo de experimentar o cometer un error. El mayor problema con aprender a hacer música es que nadie quiere tocar con usted hasta que pueda hablar a su nivel, lo que dificulta el aprendizaje. Yo digo, ignore esto. Hágalo lo mejor que pueda pero no tenga miedo de la música. Si no le gusta algo, lo más probable es que a los demás tampoco les guste, y no volverá a suceder. Dicho esto, tenga cuidado con el concierto. He conocido gente que dice "bueno, no hay errores" y los usa como una excusa para tocar un montón de cosas estúpidas que ni siquiera están cerca de ser apropiadas o que suenan bien. Use su juicio. Tenga siempre el objetivo de crear buena música y mejorarla cada vez que toque.

Probablemente se habrá dado cuenta de que no le he dado ningún ejemplo de líneas del bajo o hablado en profundidad sobre este o aquel acorde, ya que hay mucha información en la Web sobre esto, incluyendo sobre NoTreble. Creo que usted debería transcribir líneas y solucionar sus dudas por usted mismo, ya que de esa manera hará la gran diferencia. En vez de eso, intenté hacerle ver cómo hacerlo. Espero que esto le ayude a comenzar su propio viaje.

Sobre el respaldo de compañías

Pregunta: Estoy en el proceso de obtener endosos, pero quiero saber cuál es la manera más efectiva de hacerlo bien la primera vez. Estuve en NAMM este año y hablé con una variedad de personas, pero no pedí el apoyo de los artistas. Tengo un EPK (fotos, videos, grabaciones y estoy construyendo un sitio web), pero quiero que sea más sólido, por lo que es casi seguro que obtenga el de mi preferencia. ¿Alguna idea?

Respuesta: Esta es una pregunta interesante. Conozco a muchos muchachos que persiguen el respaldo de una compañía solo por tenerla. Honestamente, los endoses realmente no hacen mucho por usted, aparte de ayudar a asegurar el precio del artista (que generalmente es un precio al por mayor). Las empresas realmente ya no dan nada "gratis" a menos que tenga uno un perfil muy alto. En realidad, si uno está razonablemente presente en el mundo de la música, muchas compañías le darán precios profesionales.

1) A muchas empresas no les importa necesariamente lo bueno que eres. Es más sobre la visibilidad tanto en línea como en el escenario. Si no tiene ningún concierto o presencia en la web, será difícil obtener los respaldos que desea. Quieren que el público le vea la mayoría de las noches de la semana usando su equipo (preferiblemente en todo el país o el mundo, no solo en ese bar a la vuelta de la esquina). También quieren que tenga una fuerte presencia en la web. Si se habla de usted, entonces, hasta cierto punto, también se habla sobre su equipo.

2) Moléstese solo por endorsar lo que le guste tocar. A veces las compañías le darán un trato tan bueno que la decisión tiene que ver más con los negocios que con el tono. Si viaja mucho (en especial si viaja en avión entre conciertos), por ejemplo, a lo mejor querrá el respaldo de una compañía que trabaje a nivel mundial. Quizá una compañía de segundas le ofrezca equipo gratis, mientras que una compañía de primeras es más cara. Personalmente, he decidido elegir el equipo que me gusta tocar. Y recientemente cambié el endorse de una de las compañías por otra con la que solía trabajar años atrás. Esto es porque a parte de tener el apoyo a nivel mundial, me gusta lo familiar que es y me encanta el equipo que tiene. cuando sea oficial y esté anunciado en línea le contaré más sobre quién es.

3) No acumule equipo o respaldos innecesarios como si fuera Don't be a gear whore and try to accumulate endorsements like Scrooge hoarding his gold. Realmente no significa nada y eventualmente, se reflejará mal en usted. Además, no exagere su currículum vitae, comparta empresas entre si o moleste a las empresas. Estos muchachos son asaltados diariamente por muchachos que piden equipo. (Estoy sorprendido por algunos de los correos electrónicos que he visto compartidos por amigos míos en varias compañías). Una vez escuché a Andrew Gouché responder a un bajista descarado que declaró: "¡Deberías darme uno de esos bajos, hombre!" (No podía creer las bolas de este tipo). Gooch lo dijo mejor: "¡Doy a los necesitados, no a los codiciosos!"

Si ha pagado sus cuotas y está trabajando duro, tocando bien y tomando en serio lo que hace, ¡llegarán los avales! NAMM es un gran lugar para formar relaciones reales con las personas. Obtuve mi primer respaldo en NAMM después de que Joe Zon me escuchó tocar y le compré un bajo (al por menor para el primero). Desarrollamos una amistad que aprecio hasta el día de hoy y me convertí en artista oficial. Ahora, puede que sepa que también apruebo los bajos Skjold. Eso es porque necesitaba otra voz para ciertas situaciones y soy amigo de Pete. Entre Pete Skjold y Joe Zon, tengo todo lo que podría pedir en un bajo. Eso, además de nuestras fuertes amistades, no tiene precio. ¡Toque lo que le encante tocar!

El respaldo debería ser realmente una relación profesional mutuamente beneficiosa. Eso significa que se trata de honor, integridad y apoyo mutuo. Le rascan su espalda (alineando clínicas, dándole precios de artistas, construyendo bajos según tus especificaciones, etc.) y usted les rasca la suya (promocionando fuertemente el equipo en línea, realmente usando su equipo en todos los conciertos, pero especialmente de alto perfil apariciones en televisión o televisión, etc.).

Hacerse lucir bien en línea es una gran parte del rompecabezas, pero es sólo una parte. Primero buscarán para ver que usted parece profesional cuando está en línea, luego revisarán su calendario y luego escucharán su audio/vídeo. Búsquese a usted mismo en Google. ¿Cuántas cosas aparecen? Ese es un gran indicador de su presencia en línea.

A menudo, sin embargo, estas empresas son mucho más pequeñas de lo que se imaginaría. Skjold construye cada bajo poco a poco por sí mismo, y Joe Zon sólo tiene un socio sólido (Joe hace la carpintería y Marc hace la electrónica, con algunos ayudantes en la tienda). Mark todavía construye la mayoría de los gabinetes Accugroove por sí mismo, con un poco de ayuda. Eso significa que a) no necesariamente pueden permitirse el lujo de dar a todos los precios al por mayor, y b) no tienen mucho tiempo para navegar por los sitios web de los músicos, etc. Socializando en NAMM, sus clínicas, eventos, etc. son excelentes maneras de fomentar una relación real con estos chicos. Busque a los constructores del equipo que amas, y sea paciente. ¡Sucederá cuando llegue el momento!

Lidiando con los nervios

Pregunta: *Tiendo a ponerme muy nervioso antes de cualquier actuación en vivo. ¿Cómo lidiar con la ansiedad de rendimiento?*

Respuesta: En algún momento de su desarrollo, todos se ponen nerviosos antes de un concierto o se sienten inadecuados para la tarea en cuestión. Es natural. Lo mejor que puede hacer es sobre-preparar. Aún así, los nervios están ahí. ¿Qué haces? Este es mi mantra: "¡Haré lo mejor que pueda! Puedo hacerlo mejor que algunos, mientras que otros lo pueden hacer mejor que yo. ¡Todo lo que puedo hacer es darlo todo!

Mientras le des todo al 100 por ciento, no hay nada de qué avergonzarse, sentirse mal o arrepentirse. Si hace su tarea de antemano, se mantiene enfocado y sobrio en el concierto y lo da todo, ¡todo estará bien! E incluso si algún error, usted es humano. Perdone sus errores e imperfecciones.

Pasé por una fase larga y dolorosa en mi desarrollo cuando no podía dejar de compararme con mis héroes. Me comparaba con el mejor de los mejores me sentía indigno, lo cual es poco saludable e inexacto. He visto a mis héroes musicales en situaciones de interferencia, y han cometido los mismos errores que he cometido. Cuando solo observamos a alguien en el lugar en donde brillan, es difícil ver el potencial para cometer errores en lo que hacen.

He visto a Víctor perderse en una melodía, John McLaughlin tocando un solo en "huh?" (No en su concierto, claro está, pero sentado con una banda tocando una melodía que realmente no sabía), Dennis Chambers deja caer una baqueta ... los casos son incontables, ya que todos somos humanos. ¿Qué es lo que todos los grandes con los que he hablado o conocido tienen en común? Siempre lo hacen lo mejor que pueden. Recuerde esto:

"Nadie puede hacerle sentirse inferior sin su consentimiento!"
—Eleanor Roosevelt

Nunca se ha dicho algo más cierto. La mayor parte del tiempo, nuestras propias mentes son nuestros mayores obstáculos. Si me siento nervioso, tocaré nerviosamente y cometeré errores. Más recientemente en mi desarrollo, finalmente he llegado a un lugar donde no tengo miedo de cometer errores, lo cual es increíble! No significa que no cometeré ninguno, pero significa que no me afectará tanto porque no estaré pensando en ellos tanto. Van y vienen. ¿A quién le importa? Cuanto menos me importen los errores, menos cometeré porque mi mente estará en la música y atrapada en mi ego. ¡Esto es algo maravilloso!

Haga su tarea, prepárese, respire y relájese. Sus manos y sus oídos saben lo que hacer, así que no deje que su mente interfiera.

Consejos de viaje

Pregunta: *Voy a hacer mi primera gira con una banda. ¿Tienes algún consejo de viaje? ¡Cualquier consejo de viaje relacionado con la conducción o viajes en avión sería apreciado!*
Respuesta: Lo más seguro es que sí, y estoy seguro de que los lectores de esta columna también los tienen. Sin ningún orden en particular, aquí hay algunas cosas que vienen a la mente:

Volando

Revise por debajo del bajo puede ser un poco arriesgado, pero importante ya que los estuches de vuelo más resistentes todavía pueden ser dañados en esa parte. A parte de eso, los estuches con tamaños y formas raros suelen ser dejados para vuelos posteriores, porque muchas aerolíneas ganan dinero extra enviando carga de varias compañías de transporte. Obviamente, esto puede ser una verdadera molestia, ya que requiere que pierdas una tonelada de tiempo rastreando tu instrumento y / o tirándose del pelo. Una vez tuve mi bajo por fin apareciendo en mi hotel una semana después, a la medianoche, la noche antes de volar a casa. Tuve que alquilar un bajo para una sesión de grabación completa, fuera del país, lo cual no fue ideal.

Consiga una estuche de viaje robusto en caso de que tenga que facturarlo de vez en cuando, pero intente encontrar uno que tenga el perfil más bajo posible para que quepa en el compartimiento superior, y que no asuste a los asistentes de vuelo que le permiten abordar con eso. Mantener su equipaje de mano lo más pequeño posible también hará que su abordaje con el bajo sea más probable

Por lo general, acabo de usar una bolsa delgada para computadora portátil con lo esencial (iPad, teclado Bluetooth, cargadores, goma de mascar, etc.). Todo lo que no necesite en el avión puede ir en su maleta debajo del avión.

Asegúrese de tener a mano desinfectante para manos y vitaminas (o paquetes de vitamina C solubles). Esto es casi un requisito.

Ser amable con los agentes de venta de boletos y los asistentes de vuelo. No les importa la frecuencia con la que usted vuela y quién le permitió hacer el qué en el pasado. Si sonríe y pregunta cortésmente, podría significar la diferencia entre llevar su bajo a bordo o tener que facturarlo. En el pasado, pusieron mi bajo en un asiento desocupado y lo abrocharon con cinturón de seguridad más de una vez en aviones pequeños, principalmente porque inicié una buena relación con el asistente de vuelo. Se consigue más siendo cortés, mis amigos.

La camioneta

Si su bajo va en el remolque, también puede usar un estuche rígido, ya que el equipo puede sufrir daños por el camino. Si tiene un amplificador de tubo o tubo pre, querrá considerar instalar un bastidor que absorba los baches y llevar tubos extra.

No debería darse cuenta de quién es el conductor. Si le preocupa algo, pida que bajen la velocidad o que cambien sus malos hábitos. Nunca maneje como si tuviera prisa. No se llega más rápido y el riesgo de accidente es demasiado grande. Además, cuesta más en gas.

Establezca una regla: el conductor debe conducir de manera que el pasajero más nervioso se sienta cómodo. Sin argumentos. Es la seguridad y la vida de todos está en riesgo. El conductor no conduce con sueño.

Obtenga una cerradura de enganche para su remolque y una cerradura de calidad para la puerta. Además, intente retroceder el remolque hasta el espacio de la puerta de su hotel, si es posible. Los hoteles no son un lugar para arriesgarse con todo el equipo de la banda. ¿Ese gran Econoline con el trailer cubierto de pegatinas de música? Objetivo prioritario.

En esa nota, sea lo más indescriptible posible. Mantenga la camioneta y el remolque relativamente libres de adhesivos u otras características definitorias. No se haga el objetivo, para la policía o para los ladrones. ¿Ese pequeño pueblo por el que tienes que conducir con el límite de velocidad de 25 mph para recorrer un tramo de media milla abierta de 65 km / h en el tramo intermedio? Obedece el límite de velocidad.

El autobús

A menos que cuentes el autobús escolar de biodiesel que uso para conducir para una de mis bandas de gira anteriores, no he tenido el placer de hacer un tour en autobús. Así que lo único que viene a la mente aquí es: respetar el espacio. Limpie después de sí mismo, no haga mucho ruido por la noche mientras el resto de la banda está durmiendo, y solo deje residuos líquidos en el baño. Acomode a los demás, básicamente, sea educado... es un tanque de peces con más peces que tanque.

El hotel

No todos los hoteles son creados por igual, pero estos son algunos de mis hábitos personales.

No riegue sus cosas por todas partes y así tendrá todo controlado y será menos posible que las pierda.

Lleve una regleta de alimentación compacta para que pueda enchufar sus electrónicos en un lugar conveniente en un solo lugar.

Un punto de acceso o extensor de wi-fi puede hacer milagros. Algunos hoteles solo tendrán un cable Ethernet, lo que no es bueno para los usuarios de iPad, a menos que pueda convertirlo en su propia señal de wi-fi protegida por contraseña.

Revise el despertador antes de quedarse dormido. La gente a menudo lo deja listo para las horas raras. No puedo decirle cuántas noches me he despertado a las 4 o 5 de la mañana porque alguien dejó la alarma encendida.

El edredón no se cambia ni se lava muy a menudo, especialmente en los moteles económicos. Retira esa cosa y déjala en el suelo a los pies de la cama

Con respecto a las cafeteras, un viajero frecuente me dijo esto (y no tengo idea de si es verdad): los miembros de la tripulación de vuelo lavan la ropa interior y las medias en las máquinas de café de las habitaciones de los hoteles. En caso de que sea cierto, querrá evitar el uso de la cafetera en la habitación. Una alternativa es tener esos paquetes de café instantáneo de Starbucks, que son bastante buenos. (Es mejor que el café del hotel). ¡Solo agregue agua!

Las señales de "No molestar" son tu mejor amigo para dormir. También me gustan cuando hay equipo en la habitación. Si realmente le preocupa que alguien entre a su habitación cuando se vaya, deje el televisor a un volumen moderado (pero no tan fuerte que moleste a tus vecinos).

Trucos y consejos generales de viaje

Asegure todo, hasta los pedales. Es barato, y le ahorrará dinero si alguna vez lo necesita en uno de sus viajes.

Ese tipo de camiseta elástica es ideal para la ropa de viaje y la ropa interior. ¿Por qué? porque se seca rápidamente. Esto puede sonar raro, pero puede reducir seriamente la cantidad de ropa interior y camisetas en su maleta si no le importa lavar algunas cosas en la ducha. Por lo general, estarán completamente secos por la mañana. Conozco a un músico que viajó por Europa durante un mes con solo dos pares de ropa interior y dos camisetas porque lavaba la ropa de ese día por la noche y la dejaba secar hasta el día siguiente. Nunca estuvo sin ropa limpia.

El poliéster no se arruga mucho.

Aunque esto es menos común, para aquellos que tienen la oportunidad de realizar un viaje prolongado fuera del país, es posible que le paguen en efectivo. Si tiene más de $10.000 con usted, ¡declárelo en el formulario de aduanas! Todavía no me tengo que preocupar por esto, pero he escuchado historias de horror sobre músicos que intentan evitar pagar cualquier tarifa por la cantidad de dinero en efectivo que tienen a mano después de una larga gira y terminan pagando por esa decisión. Ellos pueden confiscar su dinero si usted miente al respecto.

Cuídese. Coma alimentos saludables y no beba demasiado alcohol. Viajar es lo suficientemente duro para su cuerpo.

A menos que sepa que el agua donde se encuentra es fresca, no se arriesgue (especialmente en otros países). Tenga a mano agua embotellada. Incluso cuando el agua esté bien, hay varias bacterias a las que simplemente no estamos acostumbrados. A parte de eso, toda el agua embotellada no es creada igual (algunas son incluso menos útiles que el agua del grifo); El equilibrio del pH tiene mucho que ver con la efectividad y absorción del agua. Fiji y Glacéau Smartwater son mis dos favoritas.

Simplemente me gustaría agradecerle por tomarse el tiempo para leer este libro. También le agradezco sus futuras contribuciones al arte de hacer música. Nunca olvide que es un arte, y de eso se trata la expresión individual. ¡Toque lo que le guste escuchar, y toque con todo su corazón!

También me gustaría agradecer a las siguientes compañías y colectivos no solo por su apoyo a mí y a mi música, sino también por el fantástico equipo y los servicios que brindan a los músicos. No apoyo a las empresas solo para que las respalden, uso el siguiente equipo porque me ayuda a ser el músico que me esfuerzo por ser.

Skjold Basses

Aguilar Amplification

GruvGear

D'Addario Strings

Reunion Blues Cases

MXR Pedals

Divine Noise Cables

Basswitch IQ-DI

1964 Ears (in-ear monitoring)

Este libro fue escrito en un Mac usando:
- Microsoft Word
- Sibelius (notation)
- iReal Pro (chord charts)

www.ingramcontent.com/pod-product-compliance
Lightning Source LLC
Chambersburg PA
CBHW081232170426
43198CB00017B/2732